SOBRE A VIDA FELIZ & TRANQUILIDADE DA ALMA

SÊNECA

SOBRE A VIDA FELIZ & TRANQUILIDADE DA ALMA

TEXTO INTEGRAL
EDIÇÃO ESPECIAL DE 1970 ANOS

GARNIER
DESDE 1844

GARNIER
DESDE 1844

Fundador: **Baptiste-Louis Garnier**

Copyright desta tradução © IBC - Instituto Brasileiro De Cultura, 2023

Título original: Peace of Mind / Of a Happy Life
Reservados todos os direitos desta tradução e produção, pela lei 9.610 de 19.2.1998.

1ª Impressão 2023

Presidente: Paulo Roberto Houch
MTB 0083982/SP

Coordenação Editorial: Priscilla Sipans
Coordenação de Arte: Rubens Martim
Tradução: Fábio Kataoka
Preparação de texto: Leonan Mariano e Lilian Rozati
Revisão: Mirella Moreno

Vendas: Tel.: (11) 3393-7727 (comercial2@editoraonline.com.br)

Foi feito o depósito legal.
Impresso na China

Dados Internacionais de Catalogação na Publicação (CIP)
de acordo com ISBD

S475s   Sêneca

Sobre a Vida Feliz & Tranquilidade da Alma - Edição
Luxo / Sêneca. - Barueri : Garnier Editora, 2023.
128 p. ; 15,1cm x 23cm.

ISBN: 978-65-84956-31-5

1. Filosofia. 2. Sêneca. I. Título.

2023-2437   CDD 100
                                                CDU 1

Elaborado por Vagner Rodolfo da Silva - CRB-8/9410

IBC — Instituto Brasileiro de Cultura LTDA
CNPJ 04.207.648/0001-94
Avenida Juruá, 762 — Alphaville Industrial
CEP. 06455-010 — Barueri/SP
www.editoraonline.com.br

SUMÁRIO

A vida de Sêneca 7
Sobre a Tranquilidade da Alma 11
Introdução 13
Sobre a Vida Feliz 69
Introdução 71

A VIDA DE SÊNECA

Lúcio Aneu Sêneca, conhecido como Sêneca, foi um filósofo, escritor, político e dramaturgo romano nascido por volta do ano 4 a.C. em Córdoba, na Hispânia (atual Espanha), e falecido em 65 d.C. em Roma. Seu pai foi Anneo Sêneca, conhecido como Sêneca, o Velho, célebre como retórico e do qual restou apenas uma obra escrita, intitulada *Declamações*.

Sêneca, o Moço, é amplamente reconhecido como um dos principais representantes do estoicismo na filosofia romana.

O pensador teve uma educação abrangente, estudando filosofia, retórica, literatura e leis. Ele se destacou como advogado e conquistou prestígio na política romana, servindo como senador e conselheiro do imperador Nero. No entanto, sua carreira política nem sempre foi tranquila, e Sêneca enfrentou momentos de exílio e perseguição devido a intrigas políticas.

Além de sua vida pública, Sêneca é mais conhecido por suas obras filosóficas e literárias. Ele escreveu uma série de cartas filosóficas, tratados e diálogos, abordando temas como ética, moralidade, sabedoria, virtude e a busca da tranquilidade interior. Suas obras mais conhecidas incluem *Sobre a Ira, Sobre a Brevidade da Vida, Sobre a Constância do Sábio, Sobre a Vida Feliz* e *Sobre a Tranquilidade da Alma*.

O estoicismo de Sêneca enfatiza a importância do controle das emoções, da aceitação das adversidades e da busca pela sabedoria como caminho para alcançar a serenidade interior e a virtude. Suas obras filosóficas tiveram um impacto duradouro e influenciaram diversos pensadores ao longo dos séculos.

Em Roma, o sucesso político não era isento de riscos, e a proeminência de Sêneca despertou a inveja do imperador Calígula. No entanto, Sêneca teve a sorte de ser salvo dessa situação, pois Calígula faleceu antes de conseguir prejudicá-lo. Assim, Sêneca pôde desfrutar de certa tranquilidade por um período, embora esse período tenha sido breve. Em 41 d.C., ele foi exilado para a ilha da Córsega, acusado de adultério com Júlia Livila, supostamente sobrinha do novo imperador Cláudio César Germânico. Acredita-se que a acusação tenha sido uma manobra política para remover Sêneca da influência na corte imperial.

Apesar do exílio, Sêneca conseguiu retornar à Roma em 49 d.C. após a morte de Messalina, mãe de Júlia e com a influência da nova esposa de Cláudio, Agripina. Sua volta à corte imperial marcou uma retomada de suas atividades filosóficas e sua proximidade com o imperador Cláudio, embora a relação entre os dois tenha se tornado tensa e complicada ao longo do tempo.

A VIDA DE SÊNECA

Após a morte de Cláudio, o imperador que o sucedeu foi Nero Cláudio César Augusto Germânico, conhecido como Nero.

Sêneca desempenhou um papel fundamental como mentor e conselheiro do imperador romano Nero. Quando Nero subiu ao trono em 54 d.C., aos dezesseis anos de idade, Sêneca foi escolhido para ser seu preceptor.

Ele foi responsável por aconselhá-lo em assuntos políticos, administrativos e culturais, e ajudou a moldar sua educação e desenvolvimento como líder. Sêneca também escreveu discursos e cartas em nome de Nero, contribuindo para a consolidação de seu poder.

No entanto, à medida que Nero amadurecia e consolidava seu poder, seu comportamento tornou-se cada vez mais errático e tirânico. Ele demonstrou uma personalidade volátil e crueldade em seus atos, como a perseguição de seus opositores políticos e até mesmo de membros de sua própria família.

Embora continuasse a ser um dos conselheiros mais próximos de Nero, suas visões estoicas sobre virtude, justiça e moderação entravam em conflito com as atitudes e ações do imperador. Sêneca tentava influenciar Nero para que governasse com maior prudência e respeito pelos direitos dos cidadãos.

Sêneca foi acusado de participar da Conjuração de Pisão, uma conspiração para assassinar Nero, embora não haja evidências conclusivas que comprovem sua participação direta.

Nero ordenou que Sêneca cometesse suicídio. Com a mesma serenidade que defendia em sua filosofia, ele cumpriu essa trágica decisão. Conta-se que sua morte foi um processo lento e doloroso. Inicialmente, ele abriu as veias do braço, mas o sangue fluía vagarosamente. Em seguida, cortou as veias das pernas, porém, ainda assim, a morte não chegava. Desesperado, pediu a seu médico que lhe desse uma dose de veneno, mas mesmo isso não teve o efeito desejado. Enquanto ditava um texto a um de seus discípulos, Sêneca tomava um banho quente para aumentar o sangramento. Por fim, ele foi transferido para um banho a vapor, onde acabou sufocando até a morte. Sua morte foi um marco na história do estoicismo e consolidou a imagem de Sêneca como um filósofo exemplar da antiguidade romana.

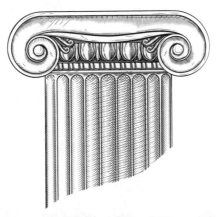

SOBRE A TRANQUILIDADE DA ALMA

INTRODUÇÃO

Os diálogos de Sêneca, também conhecidos como "Diálogos Morais", oferecem uma visão profunda dos ensinamentos estoicos e abordam uma variedade de temas relacionados à ética, virtude, felicidade e vida em sociedade.

Além disso, os diálogos de Sêneca tratam de questões sociais e políticas da época, como a relação entre governantes e governados, a importância da justiça e a busca pelo bem comum. Essas discussões têm relevância tanto para o contexto histórico de Sêneca quanto para questões contemporâneas, tornando seus escritos atemporais.

Sêneca era conhecido por sua habilidade como escritor e suas obras refletem sua busca pela sabedoria e seu desejo de viver uma vida virtuosa. Seus diálogos são escritos na forma de conversas entre Sêneca e outros personagens, muitas vezes baseados em figuras históricas ou fictícias. Essa forma de escrita permite que Sêneca explore diferentes perspectivas e exponha seus pontos de vista filosóficos de maneira clara e envolvente.

Sêneca abordou temas como a brevidade da vida, a tranquilidade da alma, o ócio, o luto e a ira. Suas obras são consideradas clássicas da filosofia durante o Império Romano, oferecendo uma perspectiva sóbria e aprofundada sobre os desafios que atormentavam os filósofos da época. Suas reflexões nos convidam a cultivar a tranquilidade por meio da virtude e do autoconhecimento.

Sobre a tranquilidade da alma é um texto organizado na forma de um diálogo. Aneu Sereno, um amigo do filósofo, inicia o livro solicitando a ele que forneça esclarecimentos que possam diminuir sua angústia interna e conduzi-lo a um estado de tranquilidade da alma. O texto começa com uma carta fictícia escrita por Sereno. Embora haja poucas informações detalhadas sobre a vida de Sereno, ele é mencionado em várias obras de Sêneca, incluindo as cartas e os diálogos filosóficos. Acredita-se que Sereno pode ter sido um colaborador de Sêneca. A participação de Sereno nas obras filosóficas de Sêneca destaca o valor da amizade e do diálogo como elementos fundamentais na busca pelo crescimento espiritual e pela conquista da serenidade interior.

Sêneca, em resposta aos questionamentos de seu estimado amigo Sereno, compartilha sua profunda sabedoria filosófica e oferece conselhos práticos para lidar com as preocupações e inquietações que surgem no cotidiano. Nesse diálogo enriquecedor, Sêneca se empenha em auxiliar Sereno a encontrar a paz interior e cultivar a serenidade da alma, por meio da aceitação das circunstâncias, do controle das paixões e do constante desenvolvimento da sabedoria. Através dessa troca de ideias e reflexões, o filósofo busca guiar seu amigo em direção a uma vida mais plena e harmoniosa.

Ao longo do diálogo, o filósofo usa exemplos e metáforas para ilustrar seus pontos de vista e tornar suas ideias

INTRODUÇÃO

acessíveis aos leitores. A filosofia estoica é utilizada como base para suas reflexões, enfatizando a importância da autodisciplina, do autocontrole e da aceitação das coisas como elas são.

Por meio desse diálogo, Sêneca nos convida a refletir sobre a condição humana e a buscar uma vida de autenticidade, sabedoria e equilíbrio.

I

Quando me examino, Sêneca, alguns vícios se manifestam claramente, permitindo-me identificá-los e abordá-los de maneira direta. No entanto, há outros que são mais sutis e difíceis de alcançar, e alguns que não estão sempre presentes, mas retornam em intervalos irregulares. Esses são os mais problemáticos, agindo como inimigos sorrateiros que atacam quando têm a oportunidade, sem dar trégua ou descanso.

Devo admitir, em total franqueza, que não estou completamente livre dos vícios que temo e detesto, mas também não estou totalmente escravizado por eles. Meu estado de espírito, embora não seja o pior possível, está constantemente insatisfeito e mal-humorado. Não estou doente, mas também não estou bem. Não adianta dizer que todas as virtudes começam fracas e adquirem força e solidez com o tempo, pois sei que até mesmo aquelas que apenas melhoram nossa imagem externa, como grandeza e reputação de eloquência, ganham força ao longo do tempo. Tanto as virtudes que nos fortalecem verdadeiramente quanto as que nos enganam de maneira mais atraente requerem anos antes de se adaptarem gradualmente a nós.

No entanto, temo que o hábito, que fortalece a maioria das coisas, esteja enraizando cada vez mais esse vício em mim. O convívio prolongado com pessoas boas e más leva-me a considerá-las igualmente. Esse estado de fraqueza, quando a mente vacila entre duas opiniões sem uma inclinação forte para o bem ou para o mal, será melhor compreendido se eu o descrever gradualmente. Vou contar-lhe o que acontece comigo, e você poderá identificar o nome dessa aflição.

Devo confessar que tenho uma predileção extrema pela simplicidade. Não aprecio camas com cortinas elaboradas nem roupas retiradas de baús e passadas sob pesos para obter um brilho artificial. Prefiro roupas comuns e baratas, que não demandem cuidados excessivos para mantê-las ou colocá-las. Em relação à comida, não busco pratos que exijam uma equipe de servos para serem preparados e admirados, nem aqueles que são encomendados com antecedência e servidos por várias mãos. Prefiro algo prático e fácil de encontrar, sem requinte ou custo exorbitante, que possa ser encontrado em qualquer lugar do mundo, sem ser oneroso para minha fortuna ou meu corpo, e provavelmente deixando meu corpo pelo mesmo caminho pelo qual entrou[1].

Agrada-me o criado inculto e o escravo rude, a pesada prata sem o nome do fabricante do meu rústico pai; e uma mesa bonita com manchas, e que não seja famosa na cidade pelas suas sucessões de donos elegantes, mas que serve apenas para uso e que não faz com que os olhos de nenhum hóspede se debrucem sobre ela com prazer ou acendam com inveja.

Enquanto estou bem satisfeito com isso, lembro-me das roupas de um certo colegial, vestido com nenhum cuidado e esplendor comuns, de escravos enfeitados com

---

[1] Os romanos criaram o vomitorium, que lhes permitia alimentar-se em excesso durante os banquetes, e posteriormente vomitar em local reservado para esta finalidade. (N. do T.)

ouro e todo um regimento de atendentes brilhantes. Já a casa em que pisam é preciosa, com objetos de valor que se espalham por todos os cantos, com um telhado brilhantemente pintado, e sempre há um povo que assiste aos jantares e ao desperdício dos patrimônios. O que direi das águas, transparentes até o fundo, que correm em torno dos convidados e dos banquetes dignos do teatro em que acontecem?

Após longos períodos de uma vida monótona e econômica, encontro-me agora rodeado pelo brilho extravagante do luxo, que ressoa ao meu redor em todos os cantos. Minha visão fica momentaneamente deslumbrada por sua ostentação, embora meu coração consiga resistir a ele com mais facilidade do que meus olhos.

No entanto, quando retorno a meu mundo após ter vislumbrado esse esplendor, sinto-me mais triste. Já não posso percorrer meus modestos pertences com a mesma leveza de antes. Silenciosamente, um sentimento de irritação se apodera de mim, enquanto uma dúvida paira no ar: será que esse estilo de vida é realmente superior ao meu?

Nenhuma dessas influências altera meus princípios, mas todas elas perturbam minha tranquilidade.

Resolvi seguir os ensinamentos de nossa escola e me envolver na vida pública, buscando cargos e até mesmo o consulado. Não por atração de uma toga púrpura e cercado de varas, mas para servir meus amigos, parentes, compatriotas e, de fato, toda a humanidade. Entusiasmado e decidido, seguia os conselhos dos filósofos Zenão, Cleanto e a Crisipo, que encorajavam o envolvimento nos assuntos públicos, embora nenhum deles se envolveu com a política. Porém, assim que algo perturbava minha mente, não acostumada a receber abalos, quando ocorria algo vergonhoso, o que é frequente na vida de todos os homens, ou quando assuntos de pouca importância exigiam muito do meu tempo, eu retornava à minha vida de lazer. Assim como acontece com o rebanho cansado, que rapidamente retorna para o curral, eu voltava para casa cada vez mais apressado. Desejo me aposentar e passar minha vida entre as paredes da minha casa.

"Ninguém", eu digo, "que não me dê nenhuma compensação digna de tal perda jamais me roubará um dia". Não tome parte nos assuntos de outros homens e não faça nada que dependa da aprovação de outros; prefiro desfrutar de uma tranquilidade imperturbável por problemas públicos ou privados. Mas sempre que meu espírito é despertado pela leitura de algumas palavras corajosas, ou algum exemplo nobre me estimula a agir, eu quero correr para os tribunais, colocar minha voz à disposição de um homem, meus serviços a outro, e tentar ajudá-lo. Mesmo que eu não tenha sucesso, posso reprimir o orgulho de algum advogado que está inchado por um sucesso merecido; mas eu penso, por Hércules, que na especulação filosófica é melhor ver as coisas como elas são, e falar delas por conta própria, e quanto às palavras, confiar nas coisas para elas, e deixar o discurso de alguém simplesmente seguir para onde elas levam.

Por que, então fazer um tecido que dure por séculos? Você não deseja fazer isso para que a posteridade não o esqueça; mas você nasceu para morrer, e uma morte silenciosa é a menos miserável. Escreva algo, portanto, em um estilo simples, apenas para passar o tempo, para seu próprio uso, e não para publicação. Menos trabalho é necessário quando não se olha além do presente.

Então, novamente, quando a alma é elevada pela grandeza de seus pensamentos, ela se torna ostensiva em seu uso de palavras. Quanto mais elevadas são suas aspirações, mais elevada ela deseja expressá-las, e seu discurso eleva-se à dignidade de seu sujeito. Nessas horas esqueço minha determinação branda e moderada e voo mais alto do que de costume, usando uma linguagem que não é a minha. Para não multiplicar exemplos, sou acompanhado por certa timidez cheia de boas intenções. Sinto o receio de me inclinar gradualmente em direção a essas influências ou, o que é ainda mais preocupante, ficar constantemente em dúvida, pois talvez elas tenham um poder maior do que eu havia previsto. Isso ocorre porque aquilo que nos é familiar tende a ser avaliado de maneira benevolente. Imagino que muitos homens teriam chegado à sabedoria se não acreditassem já ter chegado lá, se não tivessem se enganado propositadamente quanto a algumas partes de seu caráter e ignorado outras com os olhos fechados; pois você não tem motivos para supor que a lisonja de outras pessoas é mais prejudicial para nós do que a nossa. Quem se atreve a dizer a si mesmo a verdade? Quem está lá, por maior que seja a tropa de cortesãos acariciantes que ele possa estar cercado, que, apesar deles, não seja seu maior bajulador? Peço-lhe, portanto, se você tiver algum remédio pelo qual possa interromper essa minha vacilação,

SOBRE A TRANQUILIDADE DA ALMA

que me considere digno de dever minha tranquilidade a você. Estou bem ciente de que essas oscilações da mente não são perigosas e que não me ameaçam com nenhum distúrbio sério; para expressar o que me queixo por uma analogia exata, não estou sofrendo de uma tempestade, mas de enjoo do mar. Tire de mim, então, este mal, seja ele qual for, e ajude aquele que está em perigo e já avista a terra.

II

Há muito tempo, meu amigo Sereno, tenho me perguntado silenciosamente com o que eu poderia comparar tal estado de espírito. Acho que nada mais se assemelha a isso do que a conduta daqueles que, após se recuperarem de uma longa e grave doença, ocasionalmente experimentam leves toques e pontadas. Mesmo tendo passado pelos estágios finais da doença, eles ainda suspeitam que ela não os deixou. Mesmo estando em perfeita saúde, eles apresentam o pulso para ser medido pelo médico e sempre que se sentem quentes, suspeitam que a febre está voltando.

Tais homens, Sereno, não são doentes, mas não estão acostumados a estar saudáveis. Assim como um mar tranquilo ou lago exibe uma certa quantidade de ondulação quando suas águas estão baixando após uma tempestade. O que você precisa, portanto, não são esses remédios mais severos aos quais foi feita alusão. Não é necessário que você se controle em alguns casos, como resistir a si mesmo, censurar-se e atormentar-se. O que você deve adotar é a confiança em si mesmo e acreditar que está seguindo o caminho certo, sem ser desviado pelas numerosas trilhas divergentes de andarilhos que cruzam seu caminho em todas as direções, enquanto alguns se extraviam bem próximos do caminho.

O que você deseja, não ser perturbado, é uma grande coisa, a maior de todas, e algo que eleva um homem quase ao nível de um deus. Os gregos chamam essa calma firmeza da mente

SOBRE A TRANQUILIDADE DA ALMA

de euthymia, e o tratado de Demócrito[2] sobre isso está excelentemente escrito. Eu chamo isso de tranquilidade, pois não há necessidade de traduzir tão exatamente para copiar as palavras do idioma grego. O ponto essencial é marcar o assunto em discussão por um nome que tenha o mesmo significado que seu nome grego, embora talvez não a mesma forma.

O que estamos procurando, então, é como a alma pode sempre seguir um curso estável e sereno, estar satisfeita consigo mesmo e olhar com prazer para o que está ao seu redor, sem experimentar nenhuma interrupção dessa alegria, mas permanecer em uma condição pacífica, sem estar sempre alegre ou deprimido. Isso será chamado de "tranquilidade". Agora vamos considerar de maneira geral como isso pode ser alcançado, para que você possa aplicar o remédio universal ao seu próprio caso.

Enquanto isso, devemos trazer à luz toda a doença, e cada um reconhecerá sua própria parte nela. Ao mesmo tempo, você entenderá que sofre menos por sua autodepreciação do que aqueles que estão presos por alguma declaração ostensiva que fizeram e são oprimidos por algum grande título de honra, de modo que a vergonha, e não sua própria vontade, os obriga a manter a pretensão.

A mesma coisa se aplica àqueles que sofrem de inconstância e mudanças contínuas de propósito.

Há uma intensificação de todos esses sintomas quando a aversão à miséria laboriosa leva à ociosidade e a estudos

---

[2] Demócrito de Abdera (c. 460 a.C. - 370 a.C.), filósofo pré-socrático da Grécia Antiga. (N. do T.)

secretos, que são insuportáveis para uma mente ansiosa por participar dos assuntos públicos, desejosa de ação e naturalmente inquieta. Porque, é claro, encontra poucos recursos em si mesma. Quando perde a diversão proporcionada pelas ocupações, não suporta o lar, a solidão ou as paredes de uma sala, sentindo aversão por estar sozinha. Isso resulta em cansaço e insatisfação consigo mesma, uma mente que não encontra descanso em lugar nenhum, uma resistência infeliz e relutante ao ócio forçado.

Em todos os casos em que sente vergonha de confessar a verdadeira causa de seu sofrimento e a modéstia a leva a internalizar suas próprias angústias, os desejos reprimidos em um espaço confinado sufocam. Isso resulta em melancolia, abatimento do espírito e inúmeras vacilações da mente instável, que é mantida em suspense por esperanças não realizadas e entristecida por decepções. Surge então o estado de espírito daqueles que detestam sua ociosidade, que reclamam por não terem nada para fazer e veem o progresso dos outros com amargo ciúme. Pois a preguiça infeliz favorece o crescimento da inveja, e os homens que não conseguem ter sucesso desejam a ruína de todos os outros.

Essa antipatia pelo progresso alheio e o desespero em relação ao próprio fracasso produzem uma mente irritada com a sorte, viciada em reclamar da época em que vive, recolhendo-se aos cantos e meditando sobre sua miséria, até ficar doente e cansada de si mesma. Por sua natureza, a alma humana é dinâmica e pronta para a ação, apreciando tudo o que a estimula e distrai, e ainda mais gratos são aqueles que nascem com os piores instintos, encontrando prazer na desordem de suas responsabilidades. É como algumas feridas que anseiam pelas mãos que as ferem e sentem prazer em serem tocadas, assim como a coceira fedorenta gosta de qualquer coisa que a alivie.

Posso assegurar-lhe que essas mentes, nas quais os desejos se espalharam como úlceras malignas, sentem prazer em labutas e problemas. Pois há coisas que agradam ao nosso corpo e, ao mesmo tempo, causam certa quantidade de dor, como virar-se e mudar de posição antes de se cansar, ou se refrescar em uma postura após outra. É como Aquiles[3], que se deita primeiro de bruços, depois de costas, adotando várias atitudes. Assim como os doentes, ele não suporta nenhuma por muito tempo, utilizando as mudanças como se fossem remédios. Dessa forma, os homens embarcam em peregrinações sem rumo, viajam por praias distantes e ora no mar, ora em terra, tentando acalmar essa inconstância de disposição que está sempre insatisfeita com o presente.

"Vamos para a Campânia agora. Já estou cansado do cultivo rico. Vamos ver regiões selvagens, atravessar as passagens de Brúcio e da Lacônia." Na verdade, em lugares desolados, pode-se encontrar uma serenidade peculiar, onde os olhos curiosos encontram alívio na singularidade das paisagens áridas. "Vamos a Tarento e a seu famoso porto e seus invernos de céu límpido e à região bastante opulenta para seu antigo povo." Ou então: "Retornemos a Roma, pois nossos ouvidos já descansaram demais dos aplausos e da algazarra dos circos. Sentimos falta até de ver correr sangue humano.

---

3 Aquiles, na mitologia grega, foi um herói da Grécia, um dos participantes da Guerra de Troia e o protagonista e maior guerreiro da *Ilíada*, de Homero. (N. do T.)

"Uma coisa sucede a outra, e os espetáculos se transformam em outros espetáculos. Como disse Lucrécio[4]: "Desse modo, cada um foge de si mesmo". Mas em que isso é proveitoso, se, de fato, não se foge? Seguimos a nós mesmos e não conseguimos jamais fugir de nossa própria companhia!

Devemos entender, portanto, que o que sofremos não é culpa dos lugares, mas de nós mesmos; somos fracos quando há algo a ser suportado e não podemos suportar nem o trabalho nem o prazer, nem o próprio negócio nem o de ninguém por muito tempo. Isso levou alguns homens à morte, porque, mudando frequentemente de propósito, eles sempre voltavam ao mesmo ponto e não deixavam espaço para nada novo. Eles ficaram cansados da vida e do próprio mundo e, quando todas as indulgências se esgotaram, começaram a se perguntar: "Por quanto tempo continuaremos fazendo a mesma coisa?"

---

[4] Tito Lucrécio Caro (c. 94 a.c. - 50 a.C.), poeta e filósofo romano. (N. do T.)

III

Você me pergunta o que eu acho melhor para nos ajudar a suportar esse tédio. "A melhor opção", diz Atenodoro[5], "é ocupar-se com os negócios, com a administração dos assuntos do Estado e com os deveres de um cidadão. Assim como alguns passam o dia exercitando-se ao sol e cuidando de sua saúde física, e os atletas acham mais útil gastar a maior parte do tempo alimentando os músculos e fortalecendo a força, à qual dedicaram suas vidas; da mesma forma, para você, que está treinando sua mente para participar das batalhas políticas da vida, é muito mais honroso estar engajado em trabalhar do que estar ocioso.

Aquele cujo objetivo é servir seus compatriotas e todos os mortais exercita-se e faz o bem enquanto está imerso nos negócios, trabalhando com o melhor de suas habilidades tanto no interesse público quanto no privado. "No entanto", você diz, "porque a inocência dificilmente está segura entre ambições furiosas e tantos homens que desviam alguém do caminho correto, e é sempre certo encontrar mais obstáculos do que ajuda, devemos nos afastar do fórum e da vida pública. Uma grande mente, mesmo em um ambiente privado, pode encontrar espaço para se expandir livremente. O confinamento é restritivo para leões e criaturas selvagens, mas não se aplica aos seres humanos, que frequentemente realizam trabalhos importantes durante a aposentadoria."

---

5 Antenodoro de Tarso (c. 74 a.C. - 7 a.C.), filósofo estoico. (N. do T.)

No entanto, que um homem se retire de tal maneira que, onde quer que ele passe seu lazer, seu desejo ainda seja beneficiar os indivíduos e a humanidade como um todo, seja através de sua inteligência, voz ou conselhos. O homem que presta bons serviços ao Estado não é apenas aquele que apresenta candidatos para cargos públicos, defende acusados e vota em questões de paz e guerra, mas também aquele que incentiva os jovens a fazer o bem; quem, com a falta de bons preceptores, infunde virtude às almas; quem agarra e segura aqueles que estão correndo desenfreadamente em busca de riquezas e luxo e, se ele não fizer mais nada, certamente os retarda e age, de modo particular, para o bem privado e público.

Porventura, é mais benéfico para o bem público que o pretor, ao pronunciar sentenças entre estrangeiros e cidadãos, ou mesmo o pretor urbano, ao revisar as sentenças de seu assessor, estejam realizando uma tarefa mais relevante do que o filósofo, que ensina os conceitos de justiça e dever, a importância da piedade, paciência, fortaleza, o desapego à morte, o entendimento sobre os deuses e, por fim, como é seguro e gratificante ter uma consciência tranquila?

Portanto, se você dedicar seu tempo à filosofia, não será um desertor nem terá recusado cumprir sua tarefa. Um soldado não é apenas aquele que está nas fileiras e defende o flanco direito ou esquerdo do exército, mas também aquele que guarda os portões e permanece em lugar de menor perigo, assim como não é em vão servir como vigia e guardar o armamento. Tais ocupações, embora não sejam sangrentas, também fazem parte dos serviços militares.

Assim que você se dedicar à filosofia, terá superado qualquer desgosto pela vida. Alguns de nós a gastam em busca de lucro e perda, outros para que nada reste de seu patrimônio. Nada pode ser mais vergonhoso do que isso.

Frequentemente, alguém muito velho não tem outro argumento para provar que viveu muito a não ser a sua idade.

IV

Parece-me, caro Sereno, que Atenodoro se rendeu cedo demais às circunstâncias do tempo, retirou-se muito cedo. Nem eu negaria que de vez em quando se deve ceder, mas aos poucos, salvaguardando as insígnias e a dignidade militar. Com certeza, fica mais seguro e respeitado pelos inimigos quem se rende com as armas na mão.

Isso é o que eu acredito que deve ser feito pela virtude e por aqueles que a praticam: se a sorte prevalece e priva você do poder de agir, não vire imediatamente as costas para o inimigo, jogue fora suas armas e fuja em busca de um esconderijo. Não há lugar onde a sorte não possa persegui-lo. Em vez disso, seja mais estratégico ao aceitar cargos públicos e, após uma cuidadosa deliberação, descubra maneiras pelas quais você ainda possa ser útil para o Estado.

Se você não pode servir no exército, então tente buscar honras cívicas. Se você deve permanecer em uma posição privada, torne-se um advogado. Se você é condenado a manter o silêncio, então ajude seus compatriotas com conselhos silenciosos. Se entrar no fórum é perigoso, mostre-se um bom camarada, um amigo leal, um convidado sóbrio nas casas das pessoas, nos eventos públicos e nos encontros sociais.

Vamos supor que você tenha perdido o status de cidadão; então exerça o papel de um ser humano. A razão pela qual nos recusamos a nos confinar aos limites de uma cidade é porque, ao desfrutarmos relações com todas as terras e nos considerarmos cidadãos do mundo, podemos encontrar um palco mais amplo para exibir nossa virtude.

Se o tribunal está fechado para você, se está proibido de se dirigir ao povo nos palanques ou de se candidatar nas eleições, desvie os olhos de Roma e veja a vasta extensão de território, o número de nações diante de você. Assim, nunca haverá tantas restrições à sua ambição que não haja saídas abertas para ela. No entanto, verifique se todas essas proibições não surgem de sua própria culpa.

Você não escolhe dirigir os assuntos do estado exceto como cônsul ou prítane[6], meddix[7] ou sufete[8]. Por que não? Se você se recusa a servir no exército, exceto como general ou tribuno militar, lembre-se de que, mesmo que outros possam formar a primeira linha e a sorte o coloque entre os veteranos da terceira linha, você ainda pode cumprir seu dever lá com sua voz, encorajamento, exemplo e espírito. Mesmo que suas mãos sejam cortadas, você pode encontrar maneiras de ajudar seu lado na batalha, se permanecer firme e torcer por seus camaradas. Faça algo semelhante a si mesmo: se a sorte o afastar da linha de frente, mantenha-se firme e torça por seus camaradas. Se alguém calar sua boca, levante-se e ajude seu lado em silêncio.

Os serviços de um cidadão exemplar jamais são em vão. Você pode impactar positivamente os outros por meio de seu exemplo, expressões faciais, gestos, determinação silenciosa e até mesmo pela maneira como caminha. Assim como

---
6 Prítane: magistrado supremo em algumas cidades gregas. (N. do T.)
7 Meddix: o principal magistrado dos Oscans. (N. do T.)
8 Sulfete: o principal magistrado dos cartagineses. (N. do T.)

certos medicamentos nos beneficiam por seu aroma, sabor e toque, a virtude, mesmo quando oculta e distante, traz utilidade ao seu entorno.

A virtude pode se manifestar de diferentes maneiras: pode se espalhar livremente e exercer seus direitos, pode ter limitações e ser obrigada a recuar, pode permanecer reclusa e silenciosa, ou pode estar abertamente presente. Em todos os casos, a virtude é benéfica. Por que você acredita que o exemplo daquele que vive em recolhimento é de pouca utilidade? Na verdade, é melhor combinar o descanso com a ação, desde que a vida ativa não apresente obstáculos ocasionais ou políticos. De qualquer forma, nunca se fecham completamente todas as oportunidades, de modo que sempre haverá espaço para algum gesto de virtude.

V

Você poderia encontrar em qualquer lugar uma cidade mais miserável do que Atenas quando estava sendo despedaçada pelos trinta tiranos? Eles mataram muitos cidadãos, todos os melhores homens, a crueldade não tinha limites. A cidade, que possuía o reverendíssimo Tribunal do Areópago e um Senado, estava sob o controle de um bando miserável de açougueiros, e o Senado estava repleto de tiranos. Era um estado em que havia tantos tiranos que poderiam formar um guarda-costas para cada um deles. Parecia impossível conceber esperanças de recuperar a liberdade, nem havia espaço para um remédio para essa enorme opressão. Onde poderia o estado infeliz encontrar tantos heróis corajosos como Harmódio[9] para derrubar tantos tiranos?

No entanto, Sócrates permanecia no meio da cidade, consolando os pais enlutados e encorajando aqueles que haviam perdido a esperança na república. Com suas reprovações, ele convenceu os ricos, que temiam que sua riqueza fosse sua ruína, a se arrependerem de sua avareza. Ele foi um grande exemplo para aqueles que desejavam imitá-lo, pois andava com dignidade no meio de trinta mestres tiranos.

No entanto, Atenas condenou Sócrates à morte na prisão, e a própria liberdade não pôde tolerar a liberdade de alguém que tratava um bando de tiranos com desprezo. Portanto, saiba que, mesmo em um estado oprimido, um homem sábio pode encontrar uma oportunidade para se destacar, en-

---

9 Harmódio assassinou o cruel Hiparco. (N. do T.)

quanto em um estado próspero e florescente, a insolência arbitrária, o ciúme e outros vícios covardes dominam.

Devemos nos adaptar às circunstâncias que enfrentamos e às oportunidades que a sorte nos oferece. Em qualquer caso, devemos nos mover e não ser paralisados pelo medo. Na verdade, o melhor homem é aquele que, mesmo enfrentando perigos de todos os lados, com armas e correntes bloqueando seu caminho, não compromete nem esconde sua virtude. Proteger-se não significa se esconder.

Eu concordo com Cúrio Dentato[10] quando disse que preferia estar morto do que estar vivo. O pior mal de todos é abandonar a luta enquanto ainda estamos vivos. No entanto, se vivemos em uma época em que servir ao Estado não é fácil, é nosso dever dedicar mais tempo ao lazer e à busca do conhecimento, tal como, numa navegação perigosa, encontramos abrigo num porto. Não espere, portanto, que os negócios o abandonem; pelo contrário, você mesmo deve se desvincular deles.

---

10 Mânio Cúrio Dentato (c. 330 a.C. - 270 a.C.), general romano de origem plebeia dos primeiros tempos da República Romana. (N. do T.)

VI

No entanto, devemos primeiro examinar a nós mesmos e, em seguida, os negócios que pretendemos realizar, assim como as pessoas com quem os realizamos.

Acima de tudo, é essencial ter uma avaliação verdadeira de si mesmo, pois muitas vezes pensamos que somos capazes de fazer mais do que realmente podemos. Alguns são levados além dos limites pela confiança em sua eloquência, outros exigem mais de suas propriedades do que elas podem produzir, e alguns sobrecarregam seus corpos frágeis com tarefas árduas. Há também aqueles que se sentem envergonhados ao lidar com assuntos públicos que requerem uma certa audácia, e o orgulho obstinado de alguns os torna inadequados para os tribunais. Alguns não conseguem controlar sua raiva e se expressam de maneira imprudente ao menor sinal de provocação, enquanto outros não conseguem conter sua sagacidade e evitam fazer piadas arriscadas. Para todos esses indivíduos, o lazer é mais adequado do que o trabalho, pois uma natureza ousada, arrogante e impaciente deve evitar situações que possam levá-la a usar uma liberdade de expressão que resultará em sua própria ruína.

Em seguida, devemos avaliar cuidadosamente o assunto com o qual pretendemos lidar e comparar nossa capacidade com a ação que estamos prestes a empreender. Afinal, o carregador deve sempre ser mais forte do que a carga que carrega, pois se a carga for muito pesada, inevitavelmente irá esmagá-lo. Da mesma forma, alguns negócios não são tão importantes em si mesmos, mas são prolíficos e levam a uma grande quantidade de trabalho adicional. Devemos recusar essas tarefas que nos envolvem em novas e variadas formas de trabalho, pois nem sempre são benéficas.

VII

Em todos os casos, é importante ter cuidado na escolha das pessoas com quem nos relacionamos e verificar se elas são dignas de compartilhar uma parte de nossas vidas, ou se estaremos apenas desperdiçando nosso próprio tempo e o delas também. Alguns até nos consideram em dívida por causa dos serviços que prestamos a eles. Atenodoro disse que "nunca jantaria com alguém que não fosse grato por sua companhia", querendo dizer, imagino, que ele certamente não jantaria com aqueles que retribuem os serviços de seus amigos com banquetes, considerando os pratos como presentes exagerados, como se estivessem se esforçando demais para honrar os outros. Afaste-se dessas pessoas que testemunham e assistem aos seus atos, pois não terão prazer em se deliciar sozinhos.

Você deve decidir se sua natureza é mais adequada para ação enérgica ou para especulação e contemplação tranquila, e deve seguir a inclinação do seu próprio gênio. Isócrates[11] pegou Éforo[12] pelas mãos e o afastou do fórum, acreditando que ele seria mais útil na compilação de crônicas; afinal, nada de bom é realizado forçando a mente a se envolver em uma tarefa desagradável — é inútil lutar contra a natureza. No entanto, nada alegra tanto a mente quanto a amizade fiel e prazerosa. Que bênção é ter alguém cujo coração está pronto para receber todos

---

11 Isócrates (c. 436 a.C. - 338/336 a.C.), filósofo e retórico ateniense, também chamado de "O Pai da Oratória". (N. do T.)
12 Éforo de Cime (405 - 330 a.C.), historiador grego e aluno de Isócrates. (N. do T.)

os seus segredos com segurança, cujo conhecimento de suas ações você teme menos do que sua própria consciência, cuja conversa alivia suas preocupações, cujo conselho auxilia em seus planos, cuja alegria dissipa sua tristeza e cuja mera presença o encanta! Devemos escolher como amigos aqueles que, na medida do possível, são livres de desejos intensos, pois os vícios são contagiosos, passando de um indivíduo para o outro e causando danos àqueles que os cercam.

Portanto, assim como em tempos de epidemia devemos ter cuidado para não nos sentarmos perto de pessoas infectadas, nas quais a doença se espalha, pois ao fazê-lo corremos o risco de contrair a peste pela respiração, da mesma forma, ao escolhermos as disposições dos nossos amigos, devemos ter o cuidado de selecionar aqueles que estão o mais distante possível da corrupção do mundo. Pois a forma de propagar doenças é misturar o que é saudável com o que está deteriorado. No entanto, não aconselho que você procure ou atraia para si apenas um homem sábio, pois onde encontrará alguém assim, por quem temos procurado em vão por tantos séculos? Em vez do homem perfeito, coloque aquele que é o menos imperfeito. Dificilmente encontraria um momento mais propício para fazer uma escolha acertada do que se pudesse procurar um bom homem entre os Platões, Xenofontes e outros discípulos de Sócrates, ou se tivesse a oportunidade de escolher alguém da época de Catão. Uma era que gerou muitos homens dignos de viver na época de Catão. Não obstante, gerou também os piores criminosos de todos os tempos. Tanto uns quanto outros foram necessários para que se pudesse valorizar a figura de Catão. Os bons para aprovarem seus méritos, e os maus para testarem o seu valor. No entanto, nos dias atuais, quando há uma escassez tão grande de homens de bem, você deve ser menos exigente em sua escolha. Acima de tudo, evite os homens sombrios que reclamam de tudo e encontram motivo para criticar tudo. Embora eles possam continuar leais e amigáveis com você, a tranquilidade de alguém é destruída por um camarada cuja mente está azeda e que encara cada incidente com um gemido.

VIII

Passemos agora à consideração da propriedade, a fonte mais fértil das dores humanas: pois se você comparar todos os outros males de que sofremos — mortes, doenças, medos, arrependimentos, sofrimentos e trabalhos — com aquelas misérias que nosso dinheiro nos inflige, este último superará em muito todos os outros. Reflita, então, quão mais leve é nunca ter tido dinheiro do que perdê-lo: assim entenderemos que quanto menos a pobreza tem a perder, menos tormento ela tem para nos afligir, pois você está enganado se pensa que os ricos sofrem com mais ânimo as perdas. Nos maiores e nos menores corpos a dor das feridas é igual. Bion[13] elegantemente disse que machuca homens carecas tanto quanto homens peludos ter seus cabelos arrancados. O mesmo se aplica tanto ao pobre quanto ao rico. Para eles, o tormento é igual, pois tanto a um quanto a outro o dinheiro adere de tal modo que não pode ser tirado sem dor. Ainda assim é mais suportável, como eu disse, e mais fácil não ganhar propriedade do que perdê-la e, portanto, você descobrirá que aqueles para quem a sorte nunca sorriu são mais alegres do que aqueles a quem ela abandonou. Diógenes[14], um homem de espírito infinito, percebeu isso e tornou impossível que algo fosse tirado dele. Chame essa segurança contra a perda de pobreza, carência, necessidade ou qualquer outro nome desdenhoso que desejar: considerarei tal homem feliz, a menos que você encontre outro que não possa perder nada. Se

---

13 Bion de Boristene (c. 325 a.C. - 250 a.C.), filósofo e pregador grego.
14 Filósofo grego da corrente do Cinismo. (N. do T.)

não me engano, é um atributo real entre tantos avarentos, trapaceiros e ladrões, ser o único homem que não pode ser ferido, porque não têm fazendas ou jardins, propriedades valiosas arrendadas a inquilinos estranhos e nenhum grande empréstimo no mercado monetário. Você não tem vergonha de si mesmo, você que contempla as riquezas com admiração atônita? Olhe para o universo: você verá os deuses completamente despojados de propriedades, aqueles que tudo dão e nada têm. Você acha que esse homem que se despojou de todos os acessórios fortuitos é um mendigo, ou alguém semelhante aos deuses imortais? Você proclama mais feliz Demétrio Pompeano[15], que não se envergonhou de ser mais rico que o próprio Pompeu? Diariamente lhe era dada a lista de seus escravos como se ele fosse general de um exército, a ele que, pouco tempo antes, era riqueza ter dois substitutos de escravos e uma cela um pouco mais larga? Mas o único escravo de Diógenes fugiu dele, e quando ele foi encontrado, ele não achou que valesse a pena buscá-lo. "É uma pena", disse ele, "que Manes possa viver sem Diógenes e que Diógenes não possa viver sem Manes". Parece-me que ele disse: "O destino cuida de seus próprios assuntos: Diógenes não tem mais nada que lhe pertença. Meu escravo fugiu? Não, ele se afastou de mim como um homem livre." Uma casa de escravos requer comida e roupas: tantas criaturas famintas devem ser alimentadas; devemos comprar roupas para elas, devemos vigiar suas mãos mais ladras e utilizar os serviços daqueles que estão sempre chorando e maldizendo. Mais feliz é aquele que não deve nada a ninguém, exceto a si mesmo, e é capaz de dizer não com facilidade. Como não possuímos

---

15 Demétrio era famoso por sua riqueza. (N. do T.)

tanta força, devemos, sem dúvida, limitar nossas posses para estarmos menos vulneráveis às adversidades do destino. Na guerra, os corpos mais habilidosos são aqueles que podem se contrair e se proteger com escudos, ao contrário dos que, devido ao seu tamanho grande, ficam expostos a ferimentos. No que diz respeito ao dinheiro, o melhor critério é evitar cair na pobreza ou afastar-se dela completamente.

IX

Ficaremos satisfeitos com essa medida de riqueza se tivermos anteriormente apreciado a parcimônia, sem a qual nenhuma riqueza é suficiente e com a qual nenhuma é insuficiente, especialmente porque o remédio está sempre à mão e a própria pobreza, ao chamar a ajuda da parcimônia, pode se transformar em riqueza. Acostumemo-nos a abandonar a mera exibição externa e a avaliar as coisas por sua utilidade, não por suas ornamentações vazias; que nossa fome seja controlada pela comida, nossa sede saciada pela bebida, nossa luxúria limitada dentro de limites necessários; aprendamos a usar nossos membros e a organizar nossas roupas e estilo de vida de acordo com o que foi aprovado por nossos ancestrais, não imitando modelos passageiros da moda. Aprendamos a fortalecer nossa contenção, a reprimir o luxo, a estabelecer limites para nosso orgulho, a acalmar nossa raiva, a encarar a pobreza sem preconceitos, a praticar a parcimônia, embora muitos se envergonhem de fazê-lo, a aplicar remédios baratos para as necessidades da natureza, a manter todas as esperanças e ambições desenfreadas como se estivessem trancadas a sete chaves, e fazer de nosso próprio esforço a fonte de nossas riquezas, não ao destino. Nunca pode tanta variedade e iniquidade de casos ser assim repelida, do mesmo modo que não se pode livrar das tormentas a frota lançada ao mar. Devemos restringir nossos negócios, para tornar os dardos da sorte ineficazes. Por essa razão, às vezes pequenos contratempos se tornaram remédios, e distúrbios mais graves foram curados por outros mais leves. Quando a alma não presta atenção aos bons conselhos e não pode ser levada à razão com medidas mais suaves, por que não deveríamos pensar que seus interesses estão sendo servidos pela pobreza? Desgraça ou ruína financeira estão sendo aplicadas a ela? Um mal é equilibrado por outro. Aprendamos, então, a sermos capazes de jantar sem toda Roma observando, ser escravos de menos servos, obter roupas que cumpram sua função original e morar em uma casa menor. A curva interna é a que deve ser feita, não apenas nas corridas e competições de circo, mas também na corrida da vida; até mesmo as atividades literárias, a coisa mais adequada para um cavalheiro gastar dinheiro, são justificáveis apenas quando são mantidas dentro de limites. De que adianta possuir inúmeros livros e bibliotecas cujos títulos seu dono dificilmente poderá ler durante a vida? Um estudante fica impressionado com tal quantidade, mas não é instruído. É muito melhor dedicar-se a alguns escritores do que folhear muitos. Quarenta mil livros queimaram em Alexandria[16]. Alguns consideravam que essa biblioteca era o mais nobre memorial da riqueza real, assim também como Lívio[17], que disse ter sido uma obra máxima da elegância e do cuidado dos reis.

No entanto, do meu ponto de vista, não foi elegância nem cuidado, mas uma luxúria calculada, ou melhor, não foi calculada, pois essas obras foram reunidas não para estudo, apenas para o espetáculo. Isso é semelhante a muitos que, embora desconheçam as primeiras letras, fazem dos livros não instrumentos de estudo, mas apenas ornamentos para

---

16 O incêndio na biblioteca de Alexandria se deu em 49 a.C. (N. do T.)
17 Tito Lívio (c. 59/64 a.C. - 17 d.C.), um dos grandes historiadores romanos. (N. do T.)

salas de jantar. Portanto, devemos reunir apenas os livros que sejam suficientes, nenhum por ostentação.

"É mais respeitável", você diz, "gastar o dinheiro em tais livros do que em vasos de latão e pinturas coríntias". Não é assim: tudo o que é levado ao excesso é errado. Que desculpas você pode encontrar para um homem que está ansioso para comprar estantes de marfim e madeira cítrica, para colecionar obras de autores desconhecidos ou desacreditados, e que se senta bocejando em meio a tantos milhares de livros, cujas capas e títulos o agradam mais do que qualquer outra parte deles? Assim, nas casas dos homens mais preguiçosos, você verá as obras de todos os oradores e historiadores empilhadas em estantes que chegam até o teto. Nos dias atuais, uma biblioteca tornou-se um apêndice tão necessário para uma casa quanto um banho quente e frio. Eu os desculparia imediatamente se eles realmente fossem levados por um zelo excessivo pela literatura; mas como é, essas obras caras de gênio sagrado, com todas as ilustrações que as adornam, são meramente compradas para exibição e para servir como móveis de parede.

X

Suponha, no entanto, que sua vida tenha se tornado cheia de problemas e que, sem saber o que estava fazendo, você caiu em alguma armadilha, e que a adversidade pública ou privada o prendeu com um laço que você não pode nem desatar, nem romper; então, lembre-se de que os homens agrilhoados sofrem muito a princípio com as algemas e os grilhões que impedem seus passos. No entanto, quando decidem não se perturbar mais e se comprometem a suportá-los, a necessidade os ensina a carregá-los com coragem, e a familiaridade torna essa tarefa mais fácil. Em cada estilo de vida você encontrará diversões, relaxamentos e prazeres; isto é, desde que você esteja disposto a menosprezar os males em vez de odiá-los. Sabendo das desgraças para as quais nascemos, a natureza fez do hábito um alívio para a calamidade, tornando logo costumeiras as mais graves. Ninguém poderia resistir ao infortúnio se ele exercesse permanentemente a mesma força de seu primeiro ataque. Estamos todos acorrentados à sorte; a corrente de alguns homens é frouxa e feita de ouro, a de outros é apertada e de metal inferior. Que que diferença isso faz?

Estamos todos incluídos no mesmo cativeiro, e mesmo aqueles que nos amarraram estão presos a si mesmos, a menos que você pense que uma corrente do lado esquerdo é mais leve de suportar. Um homem pode ser preso por uma autoridade pública, outro pela riqueza. Alguns têm que suportar o peso de ilustres, outros de origem humilde. Muitos estão sujeitos aos comandos de outros, alguns apenas aos seus. Alguns são mantidos em um lugar por serem banidos para lá, outros por serem eleitos ao sacerdócio. Cada qual, portanto, deve conformar-se à sua condição e, queixando-se dela o mínimo possível, apreender tudo o que ela tem de favorável. Nenhuma condição pode ser tão miserável que uma mente imparcial não encontre nela compensações. Pequenos locais, se engenhosamente divididos, podem ser usados para propósitos diferentes, e o arranjo tornará habitável uma sala estreita. Use o bom senso para ajudá-lo contra as dificuldades. É possível suavizar o que é duro, alargar o que é muito estreito e fazer com que fardos pesados oprimam menos severamente aquele que os carrega com habilidade. Além disso, não devemos permitir que nossos desejos vaguem para longe, mas devemos fazê-los confinar-se à nossa vizinhança imediata, pois não suportarão serem totalmente trancados. Devemos deixar de lado as coisas que não podem acontecer ou só podem ser realizadas com dificuldade, e seguir aquelas que estão próximas e ao alcance de nossas esperanças, sempre lembrando que todas as coisas são igualmente sem importância e que, embora tenham uma aparência externa diferente, elas são igualmente vazias por dentro.

Não devemos ter inveja daqueles que estão em posições elevadas. O que parece ser altura é, na verdade, um precipício. Mais uma vez, aqueles que foram colocados pelo destino cruel em situações críticas estarão mais seguros se mostrarem o mínimo de orgulho em sua posição e fizerem tudo o que puderem para reduzir seu destino ao nível dos outros homens. São muitos aqueles que devem permanecer em seu pedestal, do qual não podem descer senão caindo. Por essa razão, eles procuram demonstrar que são superiores aos outros, não por prazer em dominá-los e, sim, por serem a isso obrigados. Assim, por meio de sua justiça, gentileza, humanidade e generosidade, eles se preparam para enfrentar as adversidades do destino, pois essa esperança os torna mais seguros. No entanto, nada nos liberta tão bem dessas oscilações de esperança e medo quanto estabelecer sempre algum limite para nossos sucessos e não permitir que a sorte decida quando devemos interromper nossa carreira, mas parar por nossa própria vontade muito antes do que aparentemente precisamos. Agindo assim, certos desejos despertarão nossos espíritos, mas, estando contidos dentro de limites, não nos levarão a embarcar em empreendimentos vastos e incertos.

XI

Meu discurso se dirige aos imperfeitos, comuns e doentes, não ao homem sábio, que não precisa andar com passos tímidos e cautelosos. Ele tem tanta confiança em si mesmo que não hesita em enfrentar diretamente os dentes do destino, e nunca cederá a ele. Na verdade, ele não tem razão para temê-lo, pois considera não apenas os bens materiais, propriedades e altos cargos, mas também seu próprio corpo, seus olhos, suas mãos e tudo o que torna a vida valiosa para nós, ou melhor, até ele mesmo, como coisas cuja posse é incerta. Ele vive como se as tivesse emprestado e está pronto para devolvê-las alegremente quando solicitado. No entanto, ele não se considera dono dos seus bens, porque sabe que não são seus, mas executa todos os seus deveres com tanto cuidado e prudência como um homem piedoso e escrupuloso cuidaria dos bens deixados sob sua responsabilidade como administrador. Quando for solicitado a abrir mão deles, ele não reclamará do destino, mas dirá: "Agradeço pelo que tive em posse. Administrei sua propriedade de forma a aumentá-la significativamente, mas, uma vez que você me ordena, devolvo-a alegre e agradeço. Se você ainda deseja que eu possua algo seu, vou guardá-lo para você. Se você tiver outros planos, eu devolvo em suas mãos e faço a restituição de toda a minha prata, minha casa e meus bens domésticos". Se a natureza se lembrar do que ela anteriormente nos confiou, também podemos dizer a ela: "Tome de volta meu espírito, que está melhor do que quando você me deu. Eu não me agarrarei ou resistirei. De bom grado, estou pronto para devolver o que você me deu antes que eu pudesse pensar. Leve-me embora". Que dificuldade há em retornar ao lugar de onde viemos? Um homem não pode viver bem se não souber morrer bem.

Devemos, portanto, diminuir o valor disso e considerar a vida na categoria de coisa descartável. Não gostamos de gladiadores, como dizia Cícero, se desejarem conservar a vida a todo custo. No entanto, nós os aplaudiremos se demonstrarem desprezo por ela. Saiba que o mesmo ocorre conosco. Com frequência, a causa do morrer é o medo da morte. O destino, que se diverte conosco, diz: "Por que devo poupá-lo, criatura mesquinha e covarde? Você será mais ferido e golpeado por não saber receber os golpes. Mas você viverá por mais tempo e morrerá mais rapidamente se aguardar o ferro sem desviar a cabeça nem se proteger com as mãos, mas recebê-lo amistosamente."

Aquele que teme a morte nunca fará nada com dignidade. No entanto, aquele que sabe que o destino está decidido desde o momento em que foi concebido vive em conformidade com o determinado e o enfrentará com a mesma fortaleza de alma, de modo que nada aconteça além do que seja imprevisto; pois ao esperar tudo o que pode acontecer como se fosse acontecer com ele, ele tira o aguilhão de todos os males, o que não pode fazer diferença para quem o espera e está preparado para enfrentá-lo. O mal só atinge com força aqueles que viveram sem pensar nele e cuja atenção se voltou exclusivamente para a felicidade. Doença, cativeiro, desastre, conflagração, nenhum deles é inesperado; sempre soube com que companhia desordenada a natureza havia me associado.

Muitas vezes houve lamento na minha vizinhança; várias vezes, na frente da minha porta, a tocha e o círio passaram pela minha porta diante do caixão de alguém que morreu antes do tempo, o estrondo de prédios caindo muitas vezes ressoou ao meu lado. A noite arrebatou muitos daqueles com quem me tornei íntimo no fórum, no senado e na sociedade, e separei as mãos que se uniam em amizade: deveria me surpreender se os perigos que sempre estiveram circulando ao meu redor finalmente me atacassem? Quão grande parte da humanidade nunca pensa em tempestades quando está prestes a zarpar? Nunca terei vergonha de citar uma sentença boa de um mau autor. Publílio[18], que era um escritor mais poderoso do que qualquer um de nossos outros dramaturgos, cômicos ou trágicos, sempre que deixava as mímicas ineptas e as palavras indecentes destinadas aos espectadores, entre muitas outras coisas mais fortes, dizia isto: "O que pode ferir alguém pode ferir qualquer um. "Diante da avaliação completa dessa sentença, levando em consideração todas as adversidades, mesmo que se esteja livre delas, mas também sujeito aos mesmos, é necessário estar prevenido, pois não há tempo a perder quando o perigo se aproxima. "Jamais imaginei que isso ocorreria. Nunca acreditei que um dia isso se tornaria realidade."

---

18 Publílio Sito (c. 100 a.C. - 1 a.C.), contemporâneo de Cícero, foi escritor de mímica latina. (N. do E.)

Por que não? Quais são as riquezas que a miséria, a fome e a mendicância não alcançam? Qual dignidade, com sua toga[19] pretexta, seu bastão augural e calçados patrícios, não é acompanhada de sordidez, acusações públicas, mil máculas e o extremo desprezo? Que reino existe cuja ruína não esteja preparada, além da degradação do tirano e do carrasco? Não é necessário um longo intervalo de tempo, apenas algumas horas bastam para se ir do trono até aos pés do dominador. Sei, portanto, que toda condição é variável, e o que quer que caia sobre outro pode acontecer com você. Você é rico? Mas acaso mais do que Pompeu? A ele, quando Gaio[20], seu antigo parente e novo hóspede, lhe abriu a casa de César para fechar a sua, faltou pão e água. E ele, que possuía tantos rios que nasciam e morriam em seus domínios, mendigou água da chuva. Passou fome e sede no palácio desse parente, enquanto isso, seu herdeiro lhe preparava funerais públicos. Você que ocupou cargos públicos; eles foram tão importantes, tão inesperados ou tão abrangentes quanto os de Sejano[21]? Pois no mesmo dia em que o Senado o acompanhou, o povo o esquartejou. Daquele a quem tanto os deuses quanto os homens haviam concedido tudo o que se poderia querer, nada sobrou para que o carrasco pudesse recolher.

Você é um rei? Não te pedirei que seja como Creso[22], aquele que ainda em vida viu sua pira funerária acesa e

---

19 A vestimenta tradicional usada pelos homens romanos era a toga (espécie de manto). (N. do T.)
20 Gaio Júlio César Augusto Germânico era o nome de Calígula. (N. do T.)
21 Lúcio Élio Sejano (c. 20 a.C. - 20 d.C.), administrador-chefe do Império Romano para o imperador Tibério. (N. do E.)
22 Creso (c. 560 - 546 a.C.), último rei da Lídia, ganhou popularidade devido à sua grande riqueza. (N. do T.)

apagada, sendo obrigado a sobreviver não só ao seu reino, mas também à sua própria morte, nem a Jugurta[23], a quem o povo de Roma viu como cativo no ano em que o temiam. Vimos Ptolomeu, rei da África, e Mitrídates, rei da Armênia, sob o comando dos guardas de Gaio: o primeiro foi exilado, o segundo escolheu o exílio para torná-lo mais honroso. Em meio a essas constantes reviravoltas, a menos que você espere que tudo o que possa acontecer acontecerá contigo, dará poder à adversidade contra você, um poder que pode ser destruído por qualquer um que o antecipe.

---

23 Jugurta (c. 160 - 105 a.C.), rei da Numídia entre os anos 118 a 105, organizou forças para libertar seu reino dos romanos. (N. do E.)

XII

O próximo ponto a considerar é cuidar para não trabalharmos em vão, nem desejarmos o que não podemos obter, nem mesmo obter nossos desejos tarde demais, após muito esforço, apenas para descobrir a loucura deles. Em outras palavras, nosso trabalho não deve ser sem resultado, e o resultado não deve ser indigno de nosso esforço, pois a tristeza geralmente surge dessas duas coisas: falta de sucesso ou vergonha por ter alcançado algo indesejável.

Devemos evitar a agitação e correria que a maioria das pessoas pratica, perambulando por casas, teatros e mercados, cuidando dos negócios alheios e sempre parecendo ter algo a fazer. Se perguntarmos a alguém enquanto ele sai de sua própria casa: "Para onde você está indo?", ele responderá: "Sinceramente, não sei, mas vou encontrar algumas pessoas e fazer algo". Eles vagam sem propósito, procurando algo para fazer e acabam fazendo o que aparece casualmente em seu caminho. Movem-se inutilmente, sem plano, assim como formigas que rastejam sobre arbustos, subindo e descendo sem ganhar nada.

Muitos homens passam a vida dessa maneira, em um estado de indolência inquieta. É triste ver alguns deles correndo como se suas casas estivessem pegando fogo, empurrando todos ao seu redor e correndo consigo mesmos e com os outros, mesmo quando a pessoa não deseja retribuir sua saudação, ou ao assistir ao funeral de alguém que não conhecem. Eles procuram ouvir o veredicto de um processo legal que frequentemente envolve pessoas desconhecidas, ou para testemunhar o casamento de pessoas com as quais raramente têm algum vínculo. Seguem a liteira de um homem, às vezes até mesmo carregando-a. Depois de voltarem para casa cansados de sua ociosidade, juram que não sabem por que saíram, para onde foram, e no dia seguinte retomam suas vagas caminhadas pela mesma rotina.

Portanto, que todo o nosso trabalho tenha algum propósito e mantenha um objetivo em vista. Essas pessoas inquietas não estão inquietas por causa do trabalho, mas estão enlouquecidas por ideias errôneas. Elas não se movem sem esperança, pois ficam entusiasmadas com a aparência externa de algo, e suas mentes perturbadas não conseguem ver a futilidade disso. Da mesma forma, qualquer pessoa que saia para se juntar à multidão nas ruas é conduzida pela cidade por motivos inúteis e vazios. A aurora o leva embora, mesmo que não tenha nada para fazer. Ele atravessa as portas de várias pessoas, cumprimenta seus conhecidos um após o outro e se afasta de muitos outros. No final, ele descobre que a pessoa mais difícil de lidar é ele mesmo, quando retorna para casa. Desse mau hábito surge o pior de todos os vícios: bisbilhotar segredos públicos e privados, e o conhecimento de muitas coisas que não é seguro contar nem ouvir.

XIII

Foi, imagino, seguindo esse princípio que Demócrito ensinou: "aquele que deseja viver em paz não deve se envolver em muitos negócios, nem públicos nem privados", referindo-se, é claro, a negócios desnecessários. Pois, quando há uma necessidade real, devemos lidar com muitos e infinitos negócios, tanto públicos quanto privados. No entanto, nos casos em que nenhum dever solene nos convoca a agir, é melhor ficarmos em silêncio. Aquele que se envolve em muitas atividades muitas vezes se coloca à mercê do destino. É mais seguro não o desafiar com frequência, mas sempre lembrar de sua existência e nunca prometer a si mesmo segurança em relação a ele.

"Eu partirei, a menos que algo aconteça para me impedir. Serei pretor, se nada me impedir." "Minhas transações financeiras serão bem-sucedidas, a menos que algo dê errado com elas." É por isso que dizemos que nada acontece ao sábio que ele não esperava. Não o consideramos isento das vicissitudes da vida humana, mas sim dos seus erros. Nem tudo acontece como ele gostaria, mas como ele antecipou. Seu primeiro pensamento foi que seu propósito poderia encontrar alguma resistência, e a dor dos desejos frustrados deve afetar menos a alma de um homem se ele não tiver certeza do sucesso.

XIV

Além disso, devemos cultivar um temperamento tranquilo e não nos apegar excessivamente ao destino que nos é atribuído, mas nos adaptar a qualquer outra condição para a qual o acaso possa nos levar. Não devemos temer nenhuma mudança, seja em nossos propósitos ou em nossa posição na vida, desde que não nos tornemos escravos dos caprichos, que é o vício mais hostil à tranquilidade. A obstinação, da qual o destino muitas vezes arranca alguma concessão, pode causar ansiedade e infelicidade, mas o capricho, que nunca pode ser contido, é ainda pior.

Tanto a atitude de não mudar nada quanto a de estar insatisfeito com tudo são obstáculos para a tranquilidade. A alma deve, em todos os casos, desviar-se da contemplação das coisas externas e voltar-se para si mesma. Devemos confiar em nós mesmos, encontrar satisfação em nossas próprias realizações e evitar, tanto quanto possível, se envolver nas questões alheias. Devemos dedicar tempo a nós mesmos, não lamentar perdas e dar um significado positivo mesmo aos infortúnios.

Zenão[24], o líder de nossa escola, ao receber a notícia de um naufrágio no qual todos os seus bens foram perdidos, comentou: "A sorte me impulsiona a seguir a filosofia com passos mais leves." Quando um tirano ameaçou Teodoro[25]

---
24 Zenão de Eleia (c. 495 a.C. - 430 a.C.), filósofo e matemático, aluno e amigo de Parmênides. Aristóteles o chamou de "inventor da dialética." (N. do E.)
25 Teodoro de Cirene, filósofo e matemático grego, nascido em Cirene, Líbia. (N. do T.)

com a morte e até com a falta de enterro, ele respondeu: "Você tem poder sobre meu meio litro de sangue. Quanto ao enterro, que tolo você é se acha que me importo se apodreço acima ou abaixo do solo." Júlio Cano[26], um homem de grandeza peculiar, a quem até mesmo o fato de ter nascido neste século não impede nossa admiração, teve uma longa disputa com Gaio. Quando ele estava partindo, Fálaris[27] disse a ele: "Para que você não se iluda com esperanças vãs, eu ordenei que você fosse executado." Ele respondeu: "Agradeço-lhe, excelentíssimo príncipe." Não tenho certeza do que ele quis dizer, pois várias interpretações de sua conduta me ocorrem. Talvez ele quisesse repreendê-lo e mostrar a grandeza de sua crueldade caso a morte se tornasse uma benção. Ou talvez ele tenha respondido com sua habitual insanidade. Mesmo aqueles cujos filhos foram condenados à morte e cujos bens foram confiscados costumavam agradecer ao tirano. Ou talvez ele tenha aceitado a morte de bom grado, considerando-a como liberdade. Seja qual for o significado, foi uma resposta magnânima. Alguém poderia dizer: "Após essa resposta, Gaio poderia tê-lo deixado viver." Mas Cano não tinha medo disso, pois a fidelidade de Gaio a tais ordens era famosa. Você acredita que ele passou os dez dias intermediários antes de sua execução sem o menor desânimo? Era maravilhoso como ele falava e agia, mantendo sua serenidade. Ele estava jogando damas quando o centurião encarregado de vários prisioneiros condenados à morte ordenou que ele se juntasse a eles. Na convocação, ele contou suas peças e dis-

---

26 Júlio Cano, um filósofo estoico, foi condenado à morte pelo imperador Calígula. (N. do T.)
27 Fálaris foi um famoso tirano de Agrigento, na Sicília. (N. do T.)

se ao seu companheiro: "Cuidado para não mentir depois da minha morte e dizer que você venceu." Então, dirigindo-se ao centurião, ele disse: "Você será testemunha de que estou ganhando por um ponto." Você acha que Júlio Cano se importava com aquele tabuleiro? Ele zombava de seu carrasco. Seus amigos estavam tristes por estarem prestes a perder um homem tão importante. Ele perguntou: "Por que vocês estão tristes? Vocês questionam se nossas almas são imortais, mas em breve descobrirei." Ele não cessou sua busca pela verdade e levantou argumentos sobre o assunto de sua própria morte. Seu professor de filosofia o acompanhou, e eles não estavam longe da colina onde o sacrifício diário a César, nosso deus, era oferecido, quando Cano disse: "O que você está pensando agora? Ou quais são suas ideias?" Cano respondeu: "Decidi, naquele momento que passa rapidamente, observar se o espírito estará consciente do ato de deixar o corpo." Ele prometeu que, se fizesse alguma descoberta, procuraria seus amigos e lhes contaria qual poderia ser a condição das almas dos falecidos. Aqui estava a paz no meio da tempestade. Aqui estava uma alma digna da vida eterna, que usou seu próprio destino como prova da verdade. No último suspiro da vida, ele continuou aprendendo até o fim e aprendeu algo com a própria morte. Nenhum homem levou a vida de um filósofo tão longe.

XV

No entanto, não ganhamos nada ao nos livrarmos de todas as causas pessoais de tristeza, pois às vezes somos possuídos pelo ódio à raça humana. Quando refletimos sobre quão rara é a simplicidade, quão desconhecida é a inocência e quão raramente a fé é mantida, a menos que seja para nossa vantagem. Quando nos recordamos de tantos crimes cometidos com sucesso, de tantas perdas e ganhos igualmente repugnantes, motivados pela luxúria e ambição que ultrapassam até mesmo os limites naturais. E quando alguém está disposto a conquistar prestígio por meio de ações desprezíveis, a alma parece ser lançada na escuridão e as sombras surgem diante dela. Parece que todas as virtudes foram aniquiladas e não podemos mais esperar possuí-las ou usufruir de seus benefícios. Devemos, portanto, colocar-nos em tal estado de espírito que todos os vícios do vulgo não nos pareçam odiosos, mas apenas ridículos, e devemos imitar Demócrito em vez de Heráclito[28]. Este último, sempre que aparecia em público, costumava chorar; o primeiro, rir. Um pensava que todas as ações humanas eram loucuras; o outro achava que eram misérias. Devemos ter uma visão mais elevada de todas as coisas e suportá-las com mais facilidade; é melhor para um homem zombar da vida do que lamentá-la. Acrescente a isso que aquele que ri da raça humana merece mais dela do que aquele que a lamenta, o primeiro deixa boas esperanças de melhora, enquanto o último chora estupidamente

---

28 Heráclito de Éfeso (c. 540 a.C. - 480 a.C.), filósofo cuja escola tem como base o preceito de que, na natureza, tudo está em constante fluxo. (N. do E.)

pelo que desistiu de todas as esperanças de consertar. Aquele que, depois de examinar o universo, não consegue controlar seu riso, mostra também uma mente maior do que aquele que não consegue conter suas lágrimas, porque sua alma é afetada apenas no menor grau possível, e ele não pensa que qualquer parte de todo esse aparato é importante, séria ou infeliz. Quanto às várias causas que nos tornam felizes ou tristes, que cada um as descreva por si mesmo e aprenda a verdade do ditado de Bion: "Que todos os atos dos homens eram muito parecidos com o que ele começou e que não há nada em suas vidas que seja mais sagrado ou decente do que sua concepção". No entanto, é melhor aceitar a moral pública e os vícios humanos com calma, sem cair no riso ou no choro; pois ser ferido pelo sofrimento dos outros é ser eternamente miserável, enquanto desfrutar do sofrimento dos outros é um prazer desumano, assim como é um pedaço inútil da humanidade chorar e fazer cara feia porque alguém está enterrando seu filho. Nos próprios infortúnios, também, é adequado comportar-se de modo a causar-lhes tanto sofrimento quanto a razão permite, não tanto quanto o costume exige; pois muitos derramam lágrimas para exibição, e sempre que ninguém está olhando para eles, seus olhos ficam secos, mas eles acham uma vergonha não chorar quando todos choram. Tão profundamente enraizado em nós está esse mal de ser guiado pela opinião dos outros, que até a dor, a mais simples de todas as emoções, começa a ser falsificada.

XVI

Agora vamos tratar de um assunto que, com razão, costuma deixar alguém triste e ansioso. Quero dizer quando homens bons têm finais trágicos. Quando Sócrates é forçado a morrer na prisão, Rutílio a viver no exílio, Pompeu e Cícero a oferecer seus pescoços às espadas de seus próprios seguidores, quando o grande Catão, essa imagem viva da virtude, cai sobre sua espada e se rasga juntamente com a República. Não se pode deixar de lamentar que o destino conceda seus dons de forma tão injusta. O que um homem bom pode esperar alcançar quando vê os melhores homens encontrarem os piores destinos?

Bem, veja como cada um deles suportou seu destino, e se o fizeram com bravura, deseje em seu coração ter uma coragem tão grande quanto a deles. Se morreram de maneira covarde e feminina, nada se perdeu; ou mereceram admiração por sua coragem, ou então não mereceram que você desejasse imitar sua covardia. Pois o que pode ser mais desconcertante do que testemunhar que até mesmo os homens mais corajosos encontram uma morte tão heroica que acaba por intimidar os outros e despertar a covardia? Vamos elogiar aquele que merece tais elogios e dizer: "Quanto mais corajoso você for, mais feliz você será! Você escapou de todos os acidentes, ciúmes, doenças e até mesmo da prisão. Os deuses não o consideraram digno de má sorte, mas pensaram que a sorte não deveria mais ter qualquer poder sobre você". Porém, quando alguém recua na hora da morte e olha com pesar para a vida, devemos rejeitá-lo. Nunca chorarei por um homem que morre com alegria, nem por aquele que morre chorando. O primeiro enxuga minhas lágrimas, o último, com suas lágrimas, torna-se indigno de que alguém chore por ele.

Devo chorar por Hércules porque foi queimado vivo, ou por Régulo porque foi perfurado por tantos pregos, ou por Catão porque abriu suas feridas uma segunda vez? Todos esses homens descobriram como, ao custo de um curto período de tempo, poderiam obter a imortalidade e, por meio de suas mortes, alcançar a vida eterna.

XVII

Também se revela uma fonte fértil de problemas se você se esforça para esconder seus sentimentos e nunca se mostra a ninguém sem disfarce, mas, como muitos homens, vive uma vida artificial, a fim de impressionar os outros. A vigilância constante de si mesmo torna-se um tormento para um homem, e ele teme ser pego fazendo algo fora de seus costumes habituais. Na verdade, nunca podemos nos sentir à vontade se imaginarmos que todos que nos observam estão avaliando nosso verdadeiro valor. Muitas vezes, acontecem coisas que nos despojam de nossas máscaras, mesmo que relutemos em nos desfazer delas. E mesmo que tenhamos sucesso em lidar com esses conflitos internos, ainda assim a vida não é feliz nem segura quando temos que usar constantemente uma máscara.

Mas que prazer há em uma honesta franqueza que é seu próprio ornamento e não esconde nenhuma parte de seu caráter? No entanto, essa vida que não esconde nada de ninguém corre o risco de ser desprezada, pois há pessoas que desprezam tudo o que se aproxima delas. Mas não há perigo de a virtude se tornar desprezível quando é trazida para perto de nossos olhos. É melhor ser desprezado por sua simplicidade do que suportar o fardo de uma hipocrisia incessante.

Ainda assim, devemos ter moderação nesse assunto, pois há uma grande diferença entre viver com simplicidade e viver de forma negligente. Além disso, devemos nos recolher em nós mesmos. A associação com pessoas diferentes de nós perturba tudo o que tínhamos organizado, desperta paixões que estavam adormecidas e cutuca feridas em lugares frágeis ou imperfeitamente curados em nossas mentes.

No entanto, devemos misturar essas duas coisas e passar nossas vidas alternadamente na solidão e entre multidões de pessoas. Pois a solidão nos fará ansiar pela companhia da humanidade, e a multidão nos fará ansiar pela nossa própria companhia. Portanto, uma é remédio para outra: a solidão nos curará quando estivermos fartos das multidões, e as multidões nos curarão quando estivermos fartos da solidão.

Igualmente, não se deve manter a mente fixa apenas num único objetivo, ela deve ser conduzida, por vezes, às distrações. Sócrates não se envergonhava de brincar com meninos. Catão refrescava sua mente com vinho depois de cansá-la com assuntos de Estado. Cipião exercitava seu corpo triunfante e militar através da dança, não com um andar hesitante e fraco como é a moda hoje em dia, quando balançamos em nossa própria caminhada com mais do que fraqueza feminina. Ele dançava como os homens costumavam fazer nos tempos antigos, em ocasiões esportivas e festivas, com saltos masculinos, sem se importar em serem vistos fazendo isso, mesmo por seus inimigos.

Deve-se dar à mente algum descanso, pois se elevam melhor e mais vigorosas após o descanso. Não devemos forçar colheitas em campos ricos, pois um curso ininterrupto de colheitas pesadas logo esgotará sua fertilidade. Da mesma forma, a vivacidade de nossas mentes será destruída pelo trabalho incessante. No entanto, elas recuperarão suas forças após um curto período de descanso e alívio. O trabalho contínuo produz uma espécie de dormência e lentidão.

Os homens não estariam tão ansiosos por isso se o jogo e a diversão não tivessem atrações naturais para eles. No entanto, a indulgência constante nesses prazeres retira toda a gravidade e força da mente. O sono também é necessário para nosso refrigério, mas se você o prolonga por dias e noites seguidos, ele se torna a morte. Há uma grande diferença entre afrouxar o controle de algo e deixá-lo escapar.

Os fundadores de nossas leis instituíram festivais para encorajar publicamente a alegria nos homens. Eles consideraram necessário variar nossos trabalhos com diversões. Como mencionei antes, alguns grandes homens costumavam dar a si próprios um certo número de dias de folga por mês, e alguns dividiam cada dia entre tempo de lazer e tempo de trabalho.

Assim, recordo-me de que o grande orador Asínio Polião não se envolvia em nenhum negócio depois da décima hora. Ele até mesmo evitava ler cartas nesse período, por receio de que surgissem novos problemas. No entanto, nessas duas horas[29], ele costumava se livrar do cansaço acumulado ao longo do dia. Alguns descansam durante o meio do dia e reservam atividades leves para a tarde. Nossos ancestrais também proibiram a apresentação de novas propostas no Senado após a décima hora. Os soldados dividem seus turnos e aqueles que retornaram recentemente do serviço ativo podem desfrutar de uma noite de sono ininterrupto. Devemos

---

29 Os romanos contavam doze horas do nascer ao pôr do sol. Essas "duas horas" eram, portanto, as duas últimas do dia. (N. do T.)

SOBRE A TRANQUILIDADE DA ALMA

acalmar nossas mentes e conceder-lhes descanso de tempos em tempos, o que atua como alimento e restaura suas forças.

Também é benéfico passear ao ar livre para que nosso espírito seja elevado e revigorado pela brisa fresca. Às vezes, encontramos força ao conduzir uma carruagem, viajar, mudar de ambiente ou participar de refeições sociais com uma generosa porção de vinho. Às vezes, devemos beber até ficarmos embriagados, não para nos afundarmos, mas apenas para mergulharmos no vinho. Pois o vinho lava os problemas e os desaloja das profundezas da mente, atuando como um remédio tanto para a tristeza quanto para algumas doenças. Baco[30] foi chamado de livre não por soltar a língua, mas por libertar a alma da servidão das preocupações e fazê-la mais forte e audaz para todos os desejos. No entanto, a moderação é saudável tanto na liberdade quanto no consumo de vinho.

Acredita-se que Sólon[31] e Arcesilau[32] costumavam beber bastante. Catão[33] é repreendido por embriaguez, mas aqueles que lançam essa acusação terão mais facilidade em transformar sua reprovação em elogio do que em provar que Catão agiu erroneamente. No entanto, não devemos fazê-lo com frequência, por medo de que a mente adquira maus hábitos, embora ocasionalmente seja necessário abandonar a sobriedade monótona em prol de brincadeiras e franqueza. Devemos dar crédito ao poeta grego, "às vezes é bom ser louco". Novamente, Platão sempre batia em vão à porta da poesia quando estava sóbrio. E ainda se confiarmos em Aristóteles,

---

30 No original Líber, um dos nomes de Baco, deus do vinho. (N. do T.)
31 Legislador grego do século IV a.C. (N. do T.)
32 Filósofo plantonista. (N. do T.)
33 A embriaguez de Catão é referida por Plutarco. (N. do T.)

nenhum grande gênio jamais existiu sem um toque de insanidade. A alma não pode alcançar uma linguagem elevada, acima daquela do rebanho comum, a menos que seja estimulada. Quando uma pessoa rejeita os caminhos comuns do hábito e se eleva de forma sublime, guiada pelo fogo sagrado de seus instintos, é somente nesse momento que ela pode entoar uma canção grandiosa demais para ser cantada por lábios mortais. Enquanto ela permanecer limitada dentro de si mesma, nunca conseguirá atingir o esplendor que almeja. É necessário afastar-se dos caminhos conhecidos e entregar-se ao frenesi, mesmo que isso signifique morder o meio-fio e correr sem olhar para trás, levando consigo o companheiro que temeria enfrentar tais alturas caso estivesse sozinho.

Meu amado Sereno, forneci-lhe uma descrição das coisas que podem preservar a tranquilidade, e a maneira como você pode recuperá-la, uma vez que tenha a capacidade de resistir aos vícios quando eles secretamente a minam. No entanto, tenha certeza de que nenhuma delas é suficientemente forte para nos permitir reter uma bênção tão fugaz, a menos que cuidemos de nossa mente vacilante com atenção intensa e constante.

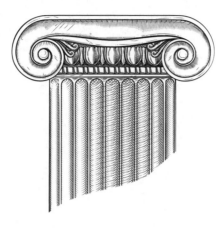

SOBRE A VIDA FELIZ

INTRODUÇÃO

Os diálogos de Sêneca, também conhecidos como "Diálogos Morais", oferecem uma visão profunda dos ensinamentos estoicos e abordam uma variedade de temas relacionados à ética, virtude, felicidade e vida em sociedade. Além disso, esses diálogos tratam de questões sociais e políticas da época, como a relação entre governantes e governados, a importância da justiça e a busca pelo bem comum. Essas discussões têm relevância tanto para o contexto histórico de Sêneca quanto para questões contemporâneas, tornando seus escritos atemporais.

Sêneca era conhecido por sua habilidade como escritor e suas obras refletem sua busca pela sabedoria e seu desejo de viver uma vida virtuosa. Seus diálogos são escritos na forma de conversas entre Sêneca e outros personagens, muitas vezes baseados em figuras históricas ou fictícias. Essa forma de escrita permite que o filósofo explore diferentes perspectivas e exponha seus pontos de vista filosóficos de maneira clara e envolvente.

Sêneca abordou temas como a brevidade da vida, a tranquilidade da alma, o ócio, o luto e a ira. Suas obras são consideradas clássicas da filosofia durante o Império Romano, oferecendo uma perspectiva sóbria e aprofundada sobre os desafios que atormentavam os filósofos da época. Suas reflexões nos convidam a cultivar a tranquilidade por meio da virtude e do autoconhecimento.

O diálogo Sobre a Vida Feliz foi escrito por volta do ano 58 d.C., destinado ao seu irmão mais velho, Gálio.

É importante entender que o termo "Feliz" utilizado no diálogo não tem a conotação moderna de sentir-se bem, mas sim corresponde à palavra grega *eudaimonia*, que pode ser melhor entendida como uma vida digna de ser vivida, um estado de plenitude do ser. Para Sêneca e os estoicos, a única vida que vale a pena ser vivida é aquela que se pauta pela retidão moral, um tipo de existência na qual, ao olharmos retrospectivamente, podemos dizer honestamente que não sentimos vergonha.

Sêneca inicia o diálogo discutindo a natureza da inquietação humana e a tendência de buscarmos a felicidade fora de nós mesmos. Ele argumenta que a verdadeira tranquilidade só pode ser alcançada através da aceitação da natureza mutável e incerta do mundo, e ao cultivarmos uma mente equilibrada e serena.

O filósofo enfatiza a importância de aprender a controlar nossas emoções e desejos, reconhecendo que a raiz de muitos sofrimentos reside em nossas próprias expectativas e anseios desenfreados. Ele nos lembra que a verdadeira felicidade não depende de riqueza material, poder ou status social, mas sim de cultivar a sabedoria, a virtude e a paz interior.

Ele argumenta que a maioria das pessoas busca a felicidade externamente, nas riquezas materiais, no poder ou no prazer sensorial, e afirma que essas buscas são ilusórias e não trazem uma felicidade duradoura.

SOBRE A VIDA FELIZ

Sêneca acredita que a verdadeira felicidade é alcançada quando um indivíduo entrega o direcionamento de sua vida à razão. Segundo ele, aqueles que não utilizam sua razão agem como animais, movidos por impulsos, e são incapazes de alcançar a consciência da felicidade.

O filósofo também enfatiza a importância de cultivar a gratidão e a moderação como fundamentos da felicidade. Ele adverte contra o desejo insaciável e a busca por prazeres efêmeros, argumentando que a verdadeira felicidade é encontrada na satisfação com o que se tem e na busca pelo equilíbrio em todas as áreas da vida.

Além disso, Sêneca explora a relação entre a felicidade e a virtude da generosidade. Ele afirma que a verdadeira felicidade é compartilhada e ampliada ao se estender a mão aos outros e contribuir para o bem-estar coletivo. A generosidade e o serviço desinteressado são vistos como formas essenciais de alcançar a felicidade e o propósito na vida. A virtude, segundo ele, está intimamente ligada à sabedoria, à autossuficiência e à serenidade interior.

Sêneca também aborda a questão da morte, enfatizando que o medo da morte é um obstáculo para a tranquilidade. Ele argumenta que a morte é um evento natural e inevitável, e que a aceitação da finitude da vida nos liberta do medo e nos permite viver plenamente o presente.

O diálogo *Sobre a Vida Feliz* oferece uma visão profunda e prática sobre o que é a felicidade verdadeira e como buscá-la. Suas ideias continuam sendo relevantes até hoje, inspirando os leitores a repensarem suas prioridades, a cultivarem a virtude e a encontrarem uma felicidade mais autêntica e duradoura.

I

Todos os homens, irmão Gálio, desejam viver felizes, mas têm dificuldade em perceber exatamente o que torna a vida feliz. Alcançar a felicidade não é uma tarefa fácil, pois quanto mais avidamente um homem a busca, maior é o risco de se afastar dela ao escolher o caminho errado. Portanto, devemos primeiro definir claramente nosso objetivo e considerar qual caminho nos levará a ele mais rapidamente. Ao seguir o caminho certo, faremos progresso a cada dia e nos aproximaremos da meta que nossos desejos naturais nos impulsionam a alcançar.

No entanto, se vagarmos sem rumo, ouvindo apenas os gritos discordantes daqueles que nos convidam a seguir direções diferentes, nossa vida curta será desperdiçada em caminhadas inúteis, mesmo que trabalhemos arduamente para obter compreensão. Portanto, não devemos decidir para onde devemos ir, ou como devemos ir, sem o conselho de alguém experiente que tenha explorado o caminho que estamos prestes a seguir. Essa viagem não é como as outras, nessas há atalhos, e os habitantes a quem se pergunta o caminho não permitem que nos extraviemos. Aqui, as trilhas mais percorridas são as que mais nos desviam.

Nada é mais importante do que não seguir cegamente o rebanho que nos precedeu, indo na mesma direção que todos os outros. Nossos maiores problemas surgem de nossa submissão a rumores comuns e da tendência de achar que as coisas são melhores do que realmente são, de confundir falsificações com coisas verdadeiramente boas e de viver não pela razão, mas pela imitação dos outros. Isso leva ao caos, em que as pessoas se aglomeram e se empurram umas sobre as outras. Em uma multidão, ninguém pode cair sem derrubar outra pessoa, e aqueles que vão à frente causam a destruição daqueles que os seguem.

Na vida humana, podemos observar o mesmo fenômeno: ninguém pode simplesmente errar por si mesmo, mas sim tornar-se tanto a causa quanto o conselheiro do erro de outra pessoa. Seguir cegamente aqueles que vieram antes de nós é prejudicial, pois, como preferimos acreditar nos outros em vez de formar nossa própria opinião, nunca fazemos julgamentos conscientes sobre a vida. Em vez disso, nos envolvemos em erros tradicionais que nos levam à ruína, então perecendo porque seguimos os exemplos de outros homens. Devemos nos libertar desse comportamento de rebanho para nos curarmos disso. No entanto, como as massas estão dispostas a lutar contra a razão em defesa de seus próprios erros, permanecemos presos nessa situação.

Consequentemente, ocorre o mesmo que nas eleições, em que, quando a brisa inconstante do favor popular muda de direção, aqueles que foram escolhidos como cônsules e pretores[34] são vistos com admiração pelos mesmos homens que os colocaram lá. Quando todos nós aprovamos e desaprovamos as mesmas coisas, isso anula qualquer decisão baseada na voz da maioria.

---

34 Pretor era um magistrado romano, hierarquicamente subordinado ao cônsul, equivalendo ao juiz ordinário ou de primeira instância. (N. do T.)

II

Quando se trata de uma vida feliz, não é adequado que me responda de acordo a separação dos votos: "Esta visão tem mais defensores." Pois, pelo mesmo motivo, essa é a pior escolha das duas. Quando se trata de assuntos humanos, não é bom que as melhores coisas agradem à maioria. Na verdade, quanto mais pessoas seguem um determinado caminho, mais provável é que seja o pior. Portanto, devemos investigar não o que é mais comumente feito, mas o que é melhor para nós: o que nos conduzirá à posse de uma felicidade duradoura. Não devemos seguir o que é aprovado pelo público em geral, pois são os piores juízes da verdade.

Quando digo "público em geral", refiro-me a ambos aqueles que usam mantos de lã ou coroas. A cor[35] das roupas que vestem não é relevante. Não confio em meus olhos para julgar um homem. Tenho uma luz interior melhor e mais confiável que me permite distinguir entre o que é verdadeiro e o que é falso. Deixe que a mente decida o que lhe é benéfico.

Se um homem encontrar um momento de tranquilidade e tiver tempo para refletir consigo mesmo, quais verdades ele confessará depois de se colocar sob tortura? Ele dirá: "Gostaria que tudo o que fiz até agora fosse desfeito. Ao refletir sobre o que disse, sinto inveja das pessoas tolas. Parece que o que desejei é o que meus inimigos desejariam que recaísse sobre mim. Céus! Parece que aquilo que temia é mais supor-

---

35 Na Roma Antiga, a cor da toga identificava o grupo social ao qual seu portador pertencia. (N. do R.)

tável do que as que desejei. Estive em conflito com muitos homens e transformei minha antipatia por eles em amizade, se é que se pode existir amizade quando entre pessoas más. No entanto, ainda não me reconciliei comigo mesmo. Fiz todos os esforços para me destacar do rebanho comum e ser notável por algum talento. Porém, o que consegui, além de me tornar alvo das flechas dos meus inimigos e mostrar a eles onde me ferir? Você vê aqueles que elogiam sua eloquência, cobiçam sua riqueza, buscam seu favor ou se vangloriam de seu poder? Todos esses podem ser seus inimigos, ou também, o número de pessoas que o invejam é tão grande quanto o número daqueles que o admiram. Por que não busco algo bom que possa usar e sentir, em vez de algo que possa mostrar? Essas coisas que os homens admiram, pelas quais se aglomeram para ver, pelas quais apontam uns aos outros com admiração silenciosa, podem brilhar por fora, mas por dentro são misérias para aqueles que as possuem."

III

Busquemos uma bênção que não apenas pareça bela, mas que seja sólida e boa em todos os aspectos, e ainda mais bonita nas partes menos visíveis: vamos desenterrá-la. Ela não está muito distante de nós, pode ser descoberta. Tudo o que precisamos é saber para onde estender a mão. No entanto, agimos como se estivéssemos no escuro, estendendo a mão para além do que está mais próximo de nós, e acabamos ferindo aquilo que tanto queremos. Mas, para evitar divagações, vou ignorar as opiniões de outros filósofos, pois levaria muito tempo para apresentá-las e refutá-las. Aceite a nossa opinião. No entanto, quando digo "nossa", não estou me ligando a nenhum dos líderes da escola estoica, pois também tenho o direito de formar minha própria opinião.

Portanto, devo seguir a autoridade de alguns deles, e pedir para outros revelarem seu significado. Se me perguntarem sobre a minha, não contestarei nenhuma das decisões dos meus predecessores e direi: "Também adicionarei algo a elas". Enquanto isso, sigo a natureza, que é um ponto em que todos os filósofos estoicos concordam: a verdadeira sabedoria consiste em não nos afastarmos da natureza e moldarmos nossa conduta de acordo com suas leis e padrões. Uma vida feliz, sendo assim, é aquela que está em harmonia com a sua própria natureza e só pode ser alcançada se a mente estiver sã e permanecer assim sem interrupções, sendo corajosa e vigorosa para suportar todas as coisas com admirável coragem, adequada aos tempos em que vivemos, cuidadosa com o seu corpo e com suas posses, mas sem um cuidado excessivo. Também devemos valorizar todas as coisas que enfeitam nossas vidas, sem superestimar nenhuma delas, e ser capazes de desfrutar da generosidade do destino sem nos tornarmos escravos dele. Você compreende, mesmo que eu não mencione explicitamente, que a calma e a liberdade contínuas surgem quando afastamos todas as coisas que nos excitam ou assustam. Pois, ao substituir os prazeres sensoriais e as coisas efêmeras que estão ligadas aos piores vícios, alcançamos uma alegria imensa, constante, juntamente à paz, serenidade, grandeza de espírito e bondade. Logo, toda selvageria é um sinal de fraqueza.

IV

Nosso bem maior também pode ser definido de outra forma, ou seja, podemos expressar a mesma ideia usando palavras diferentes. Assim como um exército pode se estender amplamente em um momento e se contrair em uma área menor em outro, pode se curvar em direção às extremidades devido a uma depressão na linha central ou permanecer em linha reta, sua força e lealdade permanecem inalteradas, independentemente da disposição. Da mesma forma, nossa definição de bem maior pode ser expressa de forma difusa e abrangente em alguns casos, enquanto em outros pode ser resumida de maneira breve ou sucinta. Portanto, seria a mesma coisa dizer: "O maior bem é ter uma mente que não se abala com as circunstâncias imprevisíveis da sorte e encontra satisfação na virtude", ou "É uma força invencível do espírito, que compreende bem o mundo, é gentil em suas relações, demonstrando grande cortesia e consideração por aqueles com quem interage." Ou podemos escolher defini-lo chamando de feliz aquele homem que conhece o bem e o mal apenas através de mentes boas ou más, que valoriza a honra e está satisfeito com sua própria virtude, que não se deixa nem elevar nem abater pelo destino, que não reconhece outro bem além daquele que pode conceder a si mesmo e cujo verdadeiro prazer está em desprezar os prazeres.

Se você quiser continuar com essa digressão, é possível expressar a mesma ideia de muitas outras formas, sem prejudicar ou enfraquecer seu significado. Pois o que nos impede de dizer que uma vida feliz consiste em uma mente livre, íntegra, destemida e firme? Que não é influenciada pelo medo ou pelo desejo, que considera a honra como o único bem e a vergonha como o único mal? Que vê tudo mais como um monte de detalhes insignificantes que não podem acrescentar ou subtrair nada da felicidade da vida, mas simplesmente vêm e vão sem afetar o bem maior?

Um homem que abraça esses princípios, mesmo que não queira, experimentará uma alegria constante e um profundo entusiasmo que brotam de dentro dele. Ele se regozija com o que possui e não anseia por prazeres maiores do que aqueles que sua própria vida proporciona.

Está ele certo em não permitir que desejos passageiros, mesquinhos e ridículos do seu corpo miserável desequilibrem essa balança? No momento em que se torna indiferente ao prazer, também se torna indiferente à dor. Por outro lado, veja como é uma escravidão ser dominada por prazeres e dores, os quais são mestres indignos de confiança e excessivamente passionais. Portanto, devemos escapar deles em busca da liberdade. Isso não nos concederá nada além de desprezo pelo destino, mas se conseguirmos, seremos agraciados com bênçãos inestimáveis: a tranquilidade de um espírito em paz, como ancorado em um porto seguro, o elevado poder da nossa imaginação, o constante prazer de expulsar erros e buscar a verdade, a cortesia e a alegria em tudo que nos deleitamos; não consideremos tais coisas como meros bens, mas sim como frutos da virtude.

V

Desde que comecei a formular minhas definições sem me ater rigidamente às palavras, podemos chamar de "feliz" um homem que, graças à razão, deixou de ter expectativas ou medos. No entanto, as rochas e o gado não sentem medo nem tristeza, mas ninguém consideraria essas coisas felizes, já que elas não têm a capacidade de compreender o que é a felicidade.

Podemos classificar como animais os homens cuja natureza tola e falta de autoconhecimento os reduzem ao nível do gado. Não há diferença entre eles, pois os últimos não têm razão, enquanto os primeiros têm apenas uma forma corrompida e desonesta dela, prejudicial a si mesmos. Pois a mente é imaculada e livre de todos os males somente quando capaz de escapar não apenas de ferimentos, mas também de arranhões, quando sempre será capaz de manter a posição que adotou e defendê-la mesmo contra os ataques raivosos da Fortuna. Pois, no que diz respeito aos prazeres sensoriais, mesmo que eles nos cercassem por todos os lados e usassem todos os meios de ataque, tentando conquistar a mente com carícias e fazendo todo tipo de estratagema concebível para atrair a nós mesmos ou a nossas partes separadas, ainda assim, que mortal que mantém qualquer vestígio de origem humana desejaria ser acariciado dia e noite e, negligenciando sua mente, dedicar-se a prazeres corporais?

VI

Mas também a alma, dirão alguns, tem os seus prazeres. Deixemos que os tenha, então, e permita que eles julguem o luxo e os prazeres; que se entreguem totalmente a todos os assuntos que proporcionam prazeres sensoriais. Que eles olhem para trás, lembrando-se de toda aquela sensualidade desvanecida, e se regozijem e anseiem pelos prazeres que experimentaram há muito tempo e pretendem experimentar novamente. Enquanto o corpo permanece impotente no presente, que eles projetem seus pensamentos para o futuro e avaliem suas esperanças. Tudo isso, em minha opinião, só os tornará mais miseráveis, pois é loucura escolher o mal em vez do bem. Ninguém pode ser feliz se não tiver a mente sadia, e, certamente, não a tem quem opta por aquilo que vai prejudicá-lo. Portanto, o homem feliz é aquele que pode fazer um julgamento correto sobre todas as coisas. É considerado feliz aquele que, nas suas circunstâncias atuais, se sente satisfeito e aceita as condições da sua vida. O homem verdadeiramente feliz é aquele cuja razão o guia para lidar de forma apropriada com os seus assuntos.

VII

Mesmo as pessoas as quais afirmam que o maior bem reside no prazer reconhecem a posição desonrosa que atribuem a ele. Portanto, eles afirmam que o prazer não pode ser separado da virtude e que ninguém pode viver com honra sem viver alegremente, nem viver alegremente sem viver com honra. Não consigo ver como esses assuntos tão diferentes podem estar conectados. O que impede a virtude de existir independentemente do prazer? É evidente que a razão é que todas as coisas boas derivam sua origem da virtude e, portanto, mesmo as coisas que você valoriza e busca têm suas raízes na virtude. No entanto, se fossem totalmente inseparáveis, não veríamos algumas coisas como agradáveis, mas não honrosas, e outras muito honrosas, mas difíceis e alcançáveis apenas através do sofrimento.

Além disso, é possível encontrar prazer em vidas de baixa qualidade, mas a virtude não pode coexistir com uma vida imoral. No entanto, algumas pessoas infelizes não carecem de prazer; pelo contrário, é devido ao próprio prazer que elas são infelizes. Isso não poderia acontecer se o prazer tivesse alguma ligação com a virtude, enquanto a mesma geralmente não busca o prazer e nunca depende dele.

Por que, então, juntar o que é contraditório e diverso? A virtude é uma qualidade elevada, sublime, real, inabalável e incansável. O prazer é baixo, servil, fraco e efêmero; suas moradas são o bordel e a taverna. Você encontrará a virtude no templo, no mercado, na casa do senado, protegendo as muralhas, coberta de poeira, queimada pelo sol, com as mãos calejadas. Você encontrará o prazer se escondendo em cantos escuros de banhos públicos, em câmaras quentes[36] e em lugares que temem as visitas dos inspetores. Apresentando-se flácido, frouxo, cheirando a vinho e a perfume, pálido, quando não então cheirando a formol ou talvez maquiados com cosméticos.

A virtude é imortal, nunca desaparece e está além do tédio ou do arrependimento, pois uma alma justa nunca muda, nunca se aborrece, e nem se altera, pois sempre segue o caminho correto. Por outro lado, o prazer morre no exato momento em que mais nos encanta. Não possui uma amplitude duradoura e, portanto, rapidamente nos causa tédio e fadiga, desaparecendo assim que seu impulso inicial termina. Dessa forma, não podemos depender de algo cuja natureza está destinada a mudar.

Consequentemente, não é sequer possível encontrar qualquer substância sólida em meio àquela que chega e passa tão rapidamente, parecendo no próprio exercício de suas funções; pois em algum momento deixa de existir, e logo no início já mantém se fim no horizonte.

---

36 *Laconicum* era uma área das casas de banho romanas destinada à indução de transpiração. (N. do R.)

VIII

Que resposta devemos dar à reflexão de que o prazer pertence igualmente aos homens bons e maus, e que os maus se deleitam tanto com sua vergonha quanto os bons com coisas nobres? É por isso que os antigos nos recomendavam viver uma vida elevada, não apenas agradável, para que o prazer não fosse nosso guia, mas sim um companheiro de uma mente correta e honrada. Devemos seguir a natureza como nosso guia, deixe nossa razão observá-la e ser aconselhada por ela. Viver feliz, então, é viver em harmonia com a natureza, e eu vou explicar o que isso significa.

Se cuidarmos dos legados de nossos corpos e das vantagens naturais com cautela e sem medo, reconhecendo que são efêmeros e temporários; se não nos tornarmos escravos de coisas externas que não fazem parte de nosso ser; se atribuirmos aos prazeres corporais e aos prazeres externos um papel secundário, como auxiliares e servos em nosso acampamento; se os usarmos em benefício de nossas mentes, e não deixarmos que eles se tornem nossos mestres, então, e somente então, eles terão valor para nós.

Devemos ser imparciais e não ser dominados por coisas externas. Devemos ter confiança em nós mesmos, acreditar em nosso próprio espírito e organizar nossa vida de forma a estarmos preparados tanto para o bem quanto para o infortúnio. Essa confiança não deve ser baseada na ignorância, nem nosso conhecimento deve ser frágil. Devemos sempre cumprir o que determinamos e não vacilar em nossos princípios. Devemos ser calmos e compostos em nosso comportamento, nobres e corteses em nossas ações.

Devemos encorajar a razão a buscar pela verdade por meio dos sentidos, e extrair dela os primeiros princípios. A razão não tem outra base de operações ou ponto de partida na busca da verdade; ela deve se voltar para si mesma. Assim como o universo abrangente e Deus, que é seu guia, se estende para o mundo externo e retorna a si mesmo; assim deve fazer nossa mente. Quando ela se envia através dos sentidos corporais para as coisas externas, ainda deve permanecer como sua mestra e dona.

Assim, alcançaremos uma união de força e habilidade, tendo uma razão que nunca vacila entre diferentes opiniões, e não é obscurecida em suas percepções, crenças ou convicções. Quando nossa mente está organizada e em harmonia, suas diferentes partes concordam e se complementam, alcançando o maior bem possível. Não há espaço para o mal ou o perigoso; nada para abalar ou fazer com que tropece. Faremos tudo sob a orientação de nossa própria vontade, e nada inesperado acontecerá conosco. Tudo o que for possível será realizado pronta e facilmente, sem a necessidade de artifícios dissimulados, pois a ação lenta e hesitante são sinais de discórdia e falta de propósito estabelecido. Portanto, podemos afirmar corajosamente que o bem maior é a unidade da mente, pois onde há acordo e harmonia também estão as virtudes, sendo os vícios aqueles que discordam.

IX

"Mas", diz nosso adversário, "você mesmo só pratica a virtude porque espera obter algum prazer com isso". Em primeiro lugar, mesmo que a virtude nos proporcione prazer, não a buscamos por causa disso. Ela não é a causa nem o fim pelo qual trabalhamos, mas sim uma consequência, mesmo que a busque com outro intuito. É como quando aramos um campo para plantar milho e encontramos algumas flores no caminho. Embora essas flores possam ser agradáveis aos olhos, o objetivo principal do trabalho não é produzi-las. Quem semeou o campo tinha outro objetivo em mente, e o deleite das flores é um extra além disso. Portanto, o prazer não é a recompensa ou a razão pela qual escolhemos a virtude, mas sim um acompanhamento. Não a escolhemos porque nos proporciona prazer, mas ela também nos dá prazer se a escolhermos.

O verdadeiro bem reside em escolher a virtude e adotar uma mentalidade nobre, que, uma vez cumprindo seu propósito e estabelecendo-se dentro de seus próprios limites, alcança-a e não requer nada mais além disso. Tanto quanto no fim de tudo, não há nada além. Portanto, você está enganado quando me pergunta o que busco na virtude, pois está procurando algo acima do altíssimo. Quando me faz tal pergunta, eu respondo: a própria virtude é o que busco, pois não há nada melhor. Ela é sua própria recompensa.

SOBRE A VIDA FELIZ

Isso parece pouco para você? Se eu disser: a virtude é a firmeza, a previsão, sagacidade, liberdade, a harmonia e dignidade de uma alma inquebrantável, você conseguiria imaginar algo ainda maior a que todas essas coisas se referem? Por que falar sobre prazer? Eu busco o bem do homem, não a satisfação do estômago que é maior em animais e feras.

X

"Você está distorcendo intencionalmente o que eu digo", poderia replicar. "Eu também afirmo que ninguém pode viver de forma agradável sem viver de forma honrada, e isso não pode ser aplicado a animais estúpidos que medem sua felicidade apenas pela comida que recebem. Eu proclamo abertamente que uma vida agradável, como a entendo, não pode existir sem a presença da virtude."

No entanto, não é amplamente conhecido que os maiores tolos se entregam aos prazeres mais intensos? Ou que o vício está repleto de prazeres, e a mente em si sugere muitas formas pervertidas e viciosas de deleite? Os interesses egoístas, a luxúria desenfreada, a satisfação excessiva proveniente das causas mais insignificantes e infantis, além da fofoca, do orgulho que encontra gozo em insultar os outros, da preguiça e decadência de uma mente entorpecida que se fecha em si mesma: tudo isso é dissipado pela virtude, que puxa um homem pelos ouvidos e avalia o valor dos prazeres antes de permitir seu uso. Essa não dá muita importância ao que permite o desfrute, pois apenas autoriza seu uso, e a alegria não surge dessa serventia, mas da moderação ao usá-los.

"Porém, quando a moderação reduz o prazer, ela prejudica o bem maior", você argumenta. Você se entrega ao prazer, eu os utilizo. Você o considera como uma virtude, enquanto eu nem mesmo o considero bom. Não faço nada por prazer, mas você faz tudo.

XI

Quando digo que não faço nada pelo prazer, estou me referindo ao sábio que, segundo você mesmo admite, é capaz de sentir prazer. Agora, quando uso o termo "sábio", não estou me referindo a alguém que é dominado por qualquer coisa, muito menos pelo prazer. Como alguém que nele está absorto conseguirá enfrentar o trabalho, o perigo, a escassez e todos os males que cercam e ameaçam a vida humana? Como ele lidará com a perspectiva da morte ou da dor? Como ele enfrentará a agitação do mundo e tantos inimigos mais ativos se estiver dominado por um oponente tão fraco? Ele fará tudo o que o prazer o aconselhar. Bem, você não vê quantas coisas ele o aconselhará a fazer?

"Ele é incapaz", argumenta nosso adversário, "de dar-lhe conselhos ruins, pois está combinado com a virtude?" Mais uma vez, você acredita que a virtude precisa de um tutor para ser boa? Como a virtude poderá ser guia do prazer se você a transforma em uma mera acompanhante? E como a virtude pode governar o prazer se ela o segue? Afinal, seguir é dever de um subordinado, e governar é dever de um líder. Você coloca algo que comanda em segundo plano? Segundo sua escola de pensamento, a virtude tem a nobre função de ser um provador preliminar dos prazeres.

Vamos analisar se a virtude, quando considerada dessa maneira, ainda pode ser chamada de tal, uma vez que perde sua função. Para deixar o argumento claro, vou mostrar como muitos indivíduos, envolvidos em prazeres e favorecidos pela sorte, ainda são vistos como pessoas corruptas. Olhe para Nomentano[37] e Apício[38], que, como eles mesmos afirmam, buscam objetos valiosos por terra e mar. Depois, em banquetes, eles exibem animais de todas as partes do mundo.

Veja-os deitados em leitos de rosas, desfrutando de seu festim; deleitando os ouvidos com música, os olhos com espetáculos e o paladar com sabores. Seus corpos são mimados com massagens suaves e calmantes, e até o local onde realizam seus rituais de luxo é perfumado com diversas fragrâncias. Você diria que esses homens vivem em meio aos prazeres. No entanto, eles estão longe de estar satisfeitos, porque encontram prazer no que não é bom.

---

37 Nomentano é uma personagem mencionada no poema "O Banquete", do poeta romano Horácio. (N. do T.)
38 Marco Gávio Apício, um famoso gourmet e epicurista da Roma Antiga. (N. do T.)

XII

"Eles se sentem desconfortáveis", você dirá, "porque muitas coisas surgem e distraem seus pensamentos; suas mentes são perturbadas por opiniões conflitantes". Admito que isso é verdade. No entanto, esses mesmos homens tolos, inconsistentes e cientes de que deveriam sentir remorso, ainda assim experimentam grande prazer. Devemos admitir que, ao fazê-lo, estão tão distantes de sentir qualquer problema quanto estão de formar um julgamento correto. Como acontece com muitas pessoas, eles são dominados por uma alegre loucura e riem enquanto deliram.

Por outro lado, os prazeres dos sábios são suaves, dignos, quase imperceptíveis e mantidos sob controle. Eles não são convidados a vir, nem recebidos com honra quando vêm por sua própria vontade, ou com qualquer deleite por aqueles que os experimentam, misturando-os em suas vidas e preenchendo os espaços vazios como uma divertida farsa nos intervalos dos assuntos sérios.

Esses sábios não misturam questões incongruentes ou conectam prazer com virtude, um erro pelo qual se aproximam dos piores homens. O libertino imprudente, sempre embriagado e exalando o bafo de vinho, acredita que vive com virtude, porque sabe que vive com prazer. Ele ouve dizer que o mesmo não pode existir separado da virtude; consequentemente, ele chama seus vícios de sabedoria e exibe tudo o que deveria esconder.

Assim, Epicuro[39] não encoraja os homens a se deleitarem excessivamente, mas os viciosos escondem seus excessos sob o disfarce da filosofia e se reúnem nas escolas onde ouvem os elogios ao prazer.

Além disso, muitos não entendem o verdadeiro significado do prazer moderado conforme defendido por Epicuro. Em vez disso, eles se agarram apenas ao nome dele, esperando encontrar justificativas e apoio para uma vida desregrada e imoral. Ao fazerem isso, perdem o único aspecto positivo que poderia existir em meio a seus males: a vergonha do pecado. Na verdade, eles elogiam aquilo que os leva à ruína, enquanto se afundam cada vez mais em vícios. Portanto, é impossível que eles se corrijam, uma vez que atribuem um título honroso a uma indolência vergonhosa. É por isso que esse elogio desmedido ao prazer é prejudicial, pois os princípios virtuosos são negligenciados enquanto o que corrompe se torna evidente.

---

39 Epicuro de Samos (c. 341 a.C. - 270 a.C.), filósofo grego que fundou a escola filosófica conhecida como Epicurismo. (N. do E.)

XIII

Eu mesmo acredito, embora nossos partidários estoicos não estivessem dispostos a me ouvir dizer isso, que os preceitos de Epicuro são, na verdade, nobres e corretos, e se examinados com mais atenção, até severos. Ele reduz o prazer a algo insignificante e mesquinho. Da mesma forma que atribuímos a virtude à obediência à natureza, ele atribui aos prazeres a mesma lei: obedecer à natureza. No entanto, o que é suficiente para a natureza é muito pouco para a luxúria.

O que acontece, então? Há aqueles que chamam de felicidade o ócio preguiçoso, a indulgência e a luxúria, buscando justificação para sua conduta imoral. Quando encontram o prazer, sob o nome atrativo ao ser chamado de Epicurista, não adotam aquele do qual ouvem falar nesta escola filosófica, mas sim aquele que já possuíam. Entretanto, não diria que a escola de Epicuro, de acordo com a opinião da maioria, prega a perdição. Digo, porém, que ela está desacreditada e tem uma reputação ruim, o que, na verdade, é uma injustiça.

Quem poderia saber disso além daqueles que foram iniciados nela? É a aparência externa que dá margem a fofocas e levanta falsas esperanças, assim como quando um homem muito viril veste roupas femininas. Sua honra não é manchada, sua masculinidade continua intacta, uma vez que o corpo não sofre qualquer desonra, mas ele carrega a sineta na mão[40].

Aquele que escolhe o lado da virtude dá prova de uma disposição nobre, enquanto aquele que segue o prazer parece ser medíocre, enfraquecido, e compromete sua masculinidade, estando propenso a cair em vícios infames; a menos que alguém discrimine seus prazeres para ele. Assim, pode discernir quais permanecem dentro dos limites do desejo natural e quais são frenéticos e ilimitados, tornando-se cada vez mais insaciáveis à medida que são satisfeitos. Mas vamos lá! Deixe a virtude liderar o caminho, então cada passo será seguro. Muito prazer é prejudicial, mas com a virtude não precisamos temer nenhum tipo de excesso, pois a moderação está intrínseca à própria virtude. Algo que é prejudicado por sua própria extensão não pode ser considerado bom. Além disso, qual guia melhor poderia existir do que a razão para seres dotados de uma natureza racional? Portanto, se essa combinação lhe agrada e você está disposto a buscar uma vida feliz seguindo esse princípio, deixe a virtude liderar o caminho, permitindo que o prazer siga e envolva o corpo como uma sombra. A parte da alma incapaz de grandes feitos larga a virtude, como serva do prazer.

---

40 Os sacerdotes que serviam à deusa Cibele eram homens castrados que dedicavam suas vidas ao serviço religioso da deusa. Eles vestiam roupas femininas nas cerimônias. A sineta na mão era um símbolo dessa categoria. (N. do T.)

XIV

Que a virtude lidere o caminho e carregue o estandarte, teremos prazer em tudo isso, mas seremos seus mestres e controladores. Ela pode ganhar algumas concessões de nós, mas não nos forçará a fazer nada. Por outro lado, aqueles que permitiram que o prazer conduzisse a vanguarda não têm nem um nem outro. Perdem completamente a virtude e, no entanto, não possuem o prazer: são possuídos por ele e são torturados por sua ausência ou sufocados por seu excesso. São miseráveis se abandonados por ele, e ainda mais miseráveis se dominados por ele, como aqueles que são pegos pela tempestade no mar Sirtes[41], sendo lançados em terra seca em um momento, e nas ondas correntes em outro. Isso surge de uma falta exagerada de autocontrole e de um amor oculto pelo obscuro.

É perigoso, para quem busca o mal em vez do bem, atingir seu objetivo. Ele age cansado e arrisca-se como se estivesse caçando animais selvagens. Mesmo depois de capturá-los, deve-se agir com cautela, pois frequentemente acabam devorando seus próprios donos, assim, os grandes prazeres trazem consigo tragédias para aqueles que os cultivam, deixando-os dominados. A metáfora da caça é um bom exemplo disso. Assim como alguém que abandona suas responsabilidades e outras atividades agradáveis para perseguir esconderijos de feras, contentando-se em pôr armadilhas enquanto fecha o cerco com os latidos dos cães seguindo os rastros dos

---
41 Na costa da África. (N. do T.)

animais, o mesmo ocorre com a busca pelos prazeres. Ao colocar o prazer acima de tudo, o homem negligencia, em primeiro lugar, a sua liberdade. Esse é o preço pago, já que o prazer libertino não é adquirido, mas sim vendido a ele.

XV

Você poderia contestar: "Mas o que impede a combinação da virtude e do prazer, formando assim um bem maior, de modo que ambos possam ser a mesma coisa?" Porque não pode haver uma parte do virtuoso que não seja algo também virtuoso, e a virtude não terá sua nobreza se guardar algo distinto do íntegro. Mesmo a alegria que surge dela, embora seja algo bom, não faz parte do bem absoluto, assim como a alegria ou a paz de espírito, que são, de fato, coisas boas, mas meramente seguem a virtude e não contribuem para o seu aperfeiçoamento, embora sejam geradas pelas causas mais nobres. Por outro lado, aquele que estabelece uma aliança, também unilateral, entre a virtude e o prazer, obstrui a força que um pode possuir pela fraqueza do outro, e submete a liberdade ao jugo, pois a mesma só pode permanecer invicta enquanto não conhecer nada mais valioso do que si. Então, quando ela começa a depender da ajuda do destino, torna-se escravidão absoluta. A vida se torna ansiosa, cheia de suspeitas, tímida, temendo acidentes e aguardando momentos críticos com agonia. Você não está fornecendo à virtude uma base sólida e imóvel ao ordenar que ela se apoie no que é instável. E o que pode ser tão instável quanto depender do mero acaso e das vicissitudes do corpo e das coisas que a afetam? Como um homem pode obedecer a Deus e receber tudo o que acontece com um espírito alegre, nunca se queixando do destino, e dando uma boa interpretação a tudo o que lhe acontece, se ele for incomodado pelas pequenas agulhadas dos prazeres e dores? Um homem não pode ser um bom protetor de seu país, um bom vingador de seus erros, ou um bom defensor de seus amigos se estiver inclinado aos prazeres.

Que a virtude, então, alcance uma altura da qual nenhuma força possa desalojá-la; onde nem a dor, esperança, medo, ou qualquer outra coisa possa prejudicar sua autoridade. Somente a virtude pode chegar lá, e com sua ajuda devemos escalar aquela colina. A virtude permanecerá firmemente inabalável e enfrentará qualquer coisa que aconteça; não apenas com resignação, mas também com boa vontade. Ela reconhecerá que todos os momentos difíceis estão em conformidade com as leis naturais e, como um bom soldado, suportará ferimentos, contará cicatrizes e, mesmo quando gravemente ferida e morrendo, ainda adorará o general por quem morreu. Terá em mente a antiga máxima: "Siga a Deus"[42]. Por outro lado, aquele que resmunga, reclama e se lamenta, é obrigado a obedecer às ordens, e é arrastado, mesmo contra sua vontade, para cumpri-las. Mas que loucura é ser arrastado em vez de seguir?

É falta de sabedoria, e falta de consciência de nossa própria natureza, afligir-se quando nos falta algo ou quando somos atingidos por adversidades mais intensas. Da mesma forma, é tolice se indignar com coisas que acontecem tanto com pessoas boas quanto com pessoas más, como doenças, perdas, fraquezas e todos os outros infortúnios da vida humana. Devemos ter a capacidade de suportar com resiliência

---

42 "Siga a Deus": antiga máxima dos estoicos que destaca a importância de seguir a vontade divina ou viver em harmonia com a razão divina presente no universo. (N. do T.)

tudo o que a lei universal nos impõe. É nosso dever aceitar as condições da vida mortal e não nos perturbar com o que está além de nosso controle. Nascemos em um mundo onde obedecer à vontade divina significa ser verdadeiramente livre.

XVI

A verdadeira felicidade, portanto, reside na virtude. E o que ela exige de você? Não pensar em nada como bom ou mau, a menos que esteja relacionado à virtude ou à maldade. Em seguida, suportar impassível os ataques do mal e, na medida do possível, valorizar o que é bom. Que recompensa ela promete a você por essa jornada? Uma recompensa imensa, elevando-o ao nível dos deuses. Você estará livre de restrições e desejos. Estará seguro, protegido e incólume; não falhará em nada que tentar. Tudo ocorrerá conforme o teu desejo. Nenhum infortúnio cairá sobre você, apenas aquilo que você espera e antecipa. "Mas a virtude sozinha é suficiente para te fazer feliz?" Claro que sim! Uma virtude tão perfeita e divina não apenas é suficiente, mas mais do que suficiente. Quando um homem está além do alcance de qualquer desejo, o que mais ele poderia precisar? Se tudo o que ele precisa está dentro de si mesmo, como ele poderia exigir algo externo? No entanto, aquele que está apenas no caminho da virtude, embora tenha feito grande progresso, ainda precisa da sorte a seu favor enquanto lida com os meros interesses humanos, até que desate os nós que o prendem à mortalidade. Qual é a diferença entre eles? Alguns estão mais ou menos amarrados por esses laços, e alguns até se apegam a eles. Mas aquele que avançou em direção às esferas superiores e se elevou carrega uma corrente mais solta e, embora ainda não seja livre, já prevê a futura liberdade.

XVII

Portanto, se algum dos críticos da filosofia ousasse dizer: "Por que você fala com tanta coragem, mas não vive de acordo com suas palavras? Por que você se restringe na presença de seus superiores e considera o dinheiro necessário? Por que você fica perturbado com perdas e chora ao saber da morte de sua esposa ou amigo? Por que você se importa com rumores e se irrita com fofocas caluniosas? Por que você mantém sua propriedade de forma mais luxuosa do que o necessário? Por que suas refeições não seguem seus preceitos? Por que sua mobília é mais extravagante do que deveria ser? Por que se bebe em sua casa um vinho mais velho do que o dono? Por que você tem motivações egoístas? Por que você planta árvores que só proporcionam sombra? Por que sua esposa usa joias caras que custam o preço de uma mansão? Por que seus filhos usam roupas caras na escola? Por que a arte de servir à mesa é considerada arte para você? Por que seu prato é de prata, e há até um mestre para cortar a carne?" Se quiser, adicione as perguntas: "Por que você possui propriedades no exterior? Por que você possui mais do que pode administrar? É uma vergonha que você não conheça seus próprios servos pessoalmente. Você deve ser negligente se tiver apenas alguns ou excessivamente extravagante se tiver muitos além de sua capacidade de lembrar." Posteriormente, acrescentarei algumas repreensões e trarei mais acusações contra mim mesmo do que possa imaginar; mas, por enquanto, responderei a todas essas acusações: "Eu não sou um homem sábio e não espero ser um para acalmar seu ressentimento. Portanto, não espere que eu esteja no mesmo nível dos melhores homens, mas apenas que eu seja melhor do que os piores. Fico satisfeito se todos os dias me desfaço de alguns vícios e corrijo minhas falhas. Nunca alcançarei a perfeição mental, mas em vez disso, procurarei alívio para meus problemas, não uma cura absoluta para minha doença, e estou satisfeito se a dor vier com menos frequência e for menos intensa. Comparado com seus pés, que são mancos, sou como um velocista." Eu faço esse discurso, não em meu próprio nome, pois estou imerso em vários vícios, mas em nome daqueles que fizeram algum progresso na virtude.

XVIII

Você poderia contestar: "Você fala de uma maneira e vive de outra". Essas mesmas críticas, ó espíritos malignos e agressivos, foram direcionadas a outros indivíduos virtuosos: Platão[43], Epicuro, Zenão[44]; pois todos eles declararam como se deveria viver, não como eles próprios viveram. Estou falando da virtude, não de mim mesmo; e quando critico os vícios, começo pelos meus próprios. Quando tiver a capacidade, viverei como devo. O ressentimento, embora repleto de veneno, não me impedirá de fazer o que é melhor. Esse mesmo veneno que você espalha sobre os outros, o qual o sufoca, não me impedirá de elogiar a vida que não levo, mas sei que devo levar; por amar a virtude e por segui-la, embora esteja bem atrás dela e com passo hesitante. Devo eu esperar que as más línguas respeitem alguma coisa, quando nem Rutílio[45] nem Catão[46] receberam respeito? Alguém se importaria em ser considerado rico demais por pessoas para as quais Diógenes[47], o Cínico, não era pobre o suficiente? Esse filósofo enérgico resistiu a todos os desejos do corpo e foi ainda mais pobre do que os outros cínicos, pois além de abrir mão da posse de qualquer coisa, também renunciou a pedir qualquer coisa. Ainda assim, eles o criticaram por não ser suficientemente necessitado; como se a pobreza, não a virtude, fosse sobre a qual ele professava conhecimento.

---

43 Platão (c. 428-427 a.C. - 348-347 a.C.), filósofo e matemático do período clássico da Grécia Antiga. (N. do T.)
44 Zenão de Cítio (c. 335 a.C. - 263 a.C.), filósofo conhecido como o fundador da corrente filosófica denominada estoicismo. (N. do E.)
45 Públio Rutílio Rufo (c. 158 a.C. - 78 a.C), político e orador romano. (N. do T.)
46 Marco Pórcio Catão (c. 234 a.C. - 149 a.C.) estadista romano e orador, foi eleito cônsul em 195 a.C. (N. do T.)
47 Filósofo grego da corrente do Cinismo. (N. do T.)

XIX

Dizem que Diodoro, o filósofo epicurista que recentemente pôs fim à sua própria vida, não agiu de acordo com os preceitos de Epicuro, cortando a própria garganta. Alguns preferem ver esse ato como resultado da loucura, outros como imprudência. No entanto, ele partiu feliz e consciente de sua própria bondade, dando testemunho de si mesmo através da maneira como deixou a vida. Ele elogiava o descanso de uma vida que passou ancorada em segurança, e disse algo que você não gostaria de ouvir, porque também deveria fazê-lo:

"Eu vivi, fiz a caminhada que o destino me traçou."

Você discute sobre a vida e a morte dos outros, gritando nomes de homens que se tornaram grandes por alguma qualidade nobre, como cães minúsculos que latem quando estranhos se aproximam. É do seu interesse que ninguém pareça bom, como se a virtude em outra pessoa fosse uma crítica a todos os seus crimes. Você inveja a glória dos outros em comparação com suas próprias ações sujas, mas não percebe o quão desvantajoso é para você se aventurar nesse caminho. Pois se aqueles que seguem a virtude são gananciosos, lascivos e ávidos por poder, o que você deve ser, se odeia até o próprio nome da virtude? Você diz que ninguém age de acordo com suas profissões ou vive de acordo com o padrão estabelecido em seus discursos. Não é surpreendente, já que as palavras que eles falam são corajosas e grandiosas, capazes de resistir a todas as tempestades que destroem a humanidade, enquanto ainda assim lutam para se livrar das cruzes, nas quais cada um de vocês finca seus próprios pregos. Aqueles que são crucificados estão pendurados em um único poste, mas vocês, que se castigam, estão divididos entre inúmeras cruzes; tantas quanto suas concupiscências. No entanto, ainda encontram tempo para falar mal e são magníficos em seu desprezo pelos vícios dos outros. Eu poderia supor que vocês não possuem nenhum deles, se não fosse pelo fato de que alguns criminosos, quando estão na forca, cospem nos espectadores.

XX

"Os filósofos não colocam em prática tudo o que ensinam." É verdade, mas realizam o bem através de seus ensinamentos e nobres pensamentos, concebidos em suas mentes. Seria realmente maravilhoso se pudessem agir de acordo com suas palavras. No entanto, você não tem o direito de menosprezar as boas palavras e os corações cheios de boas reflexões. Os homens merecem elogios por se envolverem em estudos proveitosos, mesmo que não produzam resultados tangíveis. Por que devemos questionar a capacidade de alguém que começa a subir uma encosta íngreme, mas não chega muito alto? Se você é um homem, olhe com respeito para aqueles que tentam grandes feitos, mesmo que falhem. É um ato de generosidade direcionar os esforços não apenas para atos que demandam força, mas também para a natureza humana, nutrindo objetivos elevados, e concebendo ideias vastas demais para serem executadas; mesmo por aqueles que demonstram grandeza.

Há quem proponha a si mesmo o seguinte: "Desprezarei as riquezas tanto quando as tiver como quando não as tiver. Se estiverem em outro lugar, não ficarei mais sombrio; se estiverem ao meu redor, não ficarei mais animado do que deveria. Quer o destino venha ou vá, não o perceberei. Observarei todas as terras como se pertencessem a mim, e minhas terras como se pertencessem a toda a humanidade. Viverei lembrando que nasci para os outros, e agradecerei à natureza por isso.

"A natureza foi muito benevolente para comigo, já que me entregou a todos os meus semelhantes e, por sua vez, tenho todos só para mim. Se tenho algo de meu, não o acumularei avaramente, nem o desperdiçarei imprudentemente.

"Pensarei que meus bens não são tão reais quanto aqueles que ofereci a pessoas merecedoras. Não considerarei benefícios com base em sua magnitude, número ou qualquer coisa além do valor atribuído por quem os recebe. Nunca considerarei um presente ostentoso se for dado a uma pessoa indigna. Não farei nada por causa da opinião pública, mas sim por consciência própria. Sempre que realizar algo em privado, acreditarei que os olhos do povo romano estão sobre mim. Ao comer e beber, meu objetivo será satisfazer as necessidades da natureza, não apenas encher e esvaziar minha barriga. Serei agradável para com os amigos, mas gentil e indulgente para com os inimigos. Perdoarei antes mesmo de me pedirem perdão, e atenderei aos desejos de homens honrados no meio do caminho. Terei em mente que o mundo é minha cidade natal, seus governantes são os deuses, e estão acima ou ao meu redor, observando tudo o que faço e digo. Quando a natureza solicitar o meu espírito, ou quando a razão me ordenar, partirei desta vida, chamando todos para testemunhar que admirei boas ações e consciência. Garantirei que ninguém, incluindo eu mesmo, seja prejudicado pela minha liberdade".

Aquele que estabelece essas regras como regras de sua vida voará alto e se esforçará para chegar aos deuses. Caso não consiga atingir a meta, terá então sucumbido, depois de ter ousado grandes coisas.

Mas você, que nutre ódio pela virtude e por aqueles que a praticam, não faz nada que nos surpreenda. Pois as luzes fracas não podem suportar o sol, as criaturas noturnas evitam o brilho do dia e, ao amanhecer, ficam confusas, todas buscando refúgio em suas tocas. Criaturas que temem a luz se escondem em fendas. Então, resmungue e exercite sua língua miserável ao repreender os homens bons. Abra bem sua mandíbula, morda com força. Porém, saiba que você quebrará muitos dentes antes de causar qualquer impressão.

XXI

Mas como pode este homem estudar filosofia e, ao mesmo tempo, viver a vida de um homem rico? Por que ele diz que a riqueza deve ser desprezada e ainda assim a possui? Que a vida deve ser desprezada e ainda assim ele a vive? Que a saúde deve ser desprezada e, no entanto, ele a preserva com o máximo cuidado e deseja que seja a melhor possível? Ele considera o banimento como um nome vazio e diz: "Que mal há em trocar um país por outro?" E, no entanto, se permitido, ele não envelhece em sua terra natal? Ele declara que não há diferença entre um tempo mais longo e um tempo mais curto e, no entanto, se não for impedido, ele prolonga sua vida e floresce em uma velhice vigorosa? Sua resposta é que essas coisas devem ser desprezadas, não para que ele não as possua, mas para que não as possua com medo e tremor. Ele não as afasta de si, mas quando elas o deixam, as segue despreocupadamente. Onde, de fato, o destino pode investir riquezas com mais segurança do que em um lugar de onde elas sempre podem ser recuperadas, sem qualquer disputa com seu depositário?

Quando Marco Catão elogiava Cúrio[48] e Coruncânio[49], naquele tempo em que a posse de algumas pequenas moedas de prata era uma ofensa punida pelo Censor, ele próprio possuía quatro milhões de sestércios[50]; uma fortuna menor que

---

48 O general Cúrio era conhecido por sua coragem, estratégia militar e virtude excepcionais. (N. do T.)
49 Coruncânio, primeiro sumo pontífice de origem plebeia. (N. do T.)
50 Sestércio era uma antiga moeda romana, utilizada durante o período da República e do Império Romano. (N. do T.)

a de Crasso[51], mas maior que a de Catão, o Censor. Se compararmos as quantias, ele havia superado seu bisavô mais do que ele próprio foi superado por Crasso. E se riquezas ainda maiores caíssem em sua sorte, ele não as teria rejeitado, pois o homem sábio não se considera indigno de qualquer acaso que se apresente. Ele não ama as riquezas, mas prefere tê-las. Ele não as guarda em sua mente, mas apenas em sua casa. E ele não rejeita o que já possui, mas mantém e deseja que sua virtude tenha um campo de ação ainda maior.

---

[51] Crasso foi um político e general romano do século I a.C. Ele era conhecido por sua riqueza e influência política. (N. do T.)

XXII

Quem pode duvidar de que o sábio, se for rico, tem um campo mais amplo para desenvolver suas habilidades do que se for pobre? No último caso, a única virtude que ele pode demonstrar é não ser corrompido ou esmagado pela pobreza; mas se ele tiver riquezas, terá um amplo espaço para mostrar temperança, generosidade, diligência, organização metódica e grandeza. O sábio não despreza a si mesmo, por mais humilde que seja, mas deseja alcançar essa grandeza. Mesmo sendo fraco e tendo deficiências físicas, ele pode ter boa saúde; ainda assim, prefere ter força corporal, embora sabendo o tempo todo que possui algo ainda mais poderoso. Ele pode suportar a doença e esperar por saúde, pois algumas coisas, mesmo que sejam insignificantes em comparação com o bem maior, ainda acrescentam um pouco da alegria constante que vem da virtude. As riquezas encorajam e iluminam tal pessoa, assim como um marinheiro se deleita com um vento favorável impulsionando em sua jornada; ou como as pessoas se alegram com um dia bonito ou um local ensolarado em tempos frios. Qual sábio, quero dizer, da nossa escola, cujo único bem é a virtude, pode negar que mesmo essas coisas que consideramos nem boas nem más têm um certo valor em si mesmas, e que algumas delas são preferíveis a outras? A algumas mostramos certo respeito, e a outras muito mais. Portanto, não se engane: as riquezas pertencem à categoria do que se é desejável.

"Por que, então," você pergunta, "você ri de mim se me coloca na mesma posição que você?" Você quer saber quão diferente é a posição em que nos encontramos? Se eu perder minhas riquezas, elas não levarão nada além delas mesmas. Você ficará confuso, e parecerá perdido se elas passarem por você. Comigo, as riquezas ocupam um lugar específico, mas com você, elas ocupam o lugar mais alto de todos. Resumindo, as minhas riquezas pertencem a mim, e você pertence às suas.

XXIII

Pare, então, de proibir os filósofos de possuir dinheiro. Ninguém condenou a sabedoria à pobreza. O filósofo pode ter riquezas abundantes, desde que não sejam roubadas ou manchadas com o sangue de outros. Suas riquezas devem ser adquiridas sem prejudicar a ninguém, e sem recorrer a meios vis. Devem ser recebidas e gastas com honra, de modo que apenas a inveja possa criticar. Independentemente do valor que possua, ainda será uma posse honrosa, se não houver nada que se possa dizer ser de outro. Com certeza, o sábio que não rejeita os favores da sorte não se vangloria, e também não se envergonha de um patrimônio adquirido por meios honestos. Ainda assim, ele terá algo de que se orgulhar, se abrir sua casa para que todos os seus compatriotas entrem e digam: "Se alguém encontrar algo que lhe pertença aqui, que o leve". Que homem notável, e quão verdadeiramente rico ele será, se depois desse discurso possuir tanto quanto antes! Portanto, afirmo que se ele puder submeter suas contas com segurança e confiança à avaliação do povo, e ninguém encontrar qualquer irregularidade nelas, esse homem pode desfrutar de suas riquezas com coragem e sem disfarces.

O homem sábio não permitirá que dinheiro suspeito cruze sua porta, mas ele também não recusará ou fechará as portas para grandes riquezas, se elas forem presentes da sorte e fruto da virtude. Por que ele deveria rejeitá-las? São bons recursos, que venham e sejam seus convidados. Ele não se gabará nem os esconderá. O primeiro comportamento é próprio de um tolo, o segundo de um espírito covarde e mesquinho, que, por assim dizer, esconde uma boa coisa em seu colo. Ele não os expulsará de sua casa, como mencionei antes. O que ele diria? "Você é inútil" ou "Não sei como usar a riqueza?" Da mesma forma, embora possa viajar a pé, prefere fazer isso com um veículo; ele pode ser pobre, mas deseja ser rico. Pode possuir riquezas, mas as vê como uma posse incerta, que pode voar longe dele um dia. Ele não permitirá que se tornem um fardo para si mesmo ou para qualquer outra pessoa. Ele as compartilhará.

Por que você aguça os ouvidos? Por que estende a sua bolsa? Ele dará a quem merece ou a quem tenha potencial para merecer; escolhendo com grande prudência os mais dignos, lembrando-se de prestar contas tanto dos gastos quanto dos créditos. Dará por motivos justos, pois um presente inadequado é inútil. Ele terá a bolsa aberta, mas não furada, permitindo que muito saia sem desperdício excessivo.

XXIV

Quem acredita que doar é fácil está enganado. Oferecer generosidade apresenta grandes desafios quando o fazemos de forma racional, ao invés de espalhá-la impulsivamente e aleatoriamente. Eu presto um serviço a este homem, retribuo uma boa ação feita por aquele, e ajudo outro por compaixão. Ensino alguns até a não permitirem tornar-se alvos bons para a pobreza reter ou degradar. Não darei nada a alguns, mesmo que estejam necessitados, pois mesmo se eu der, ainda continuarão necessitados. Oferecerei minha generosidade, e a imporei à força a outros. Não posso negligenciar meus próprios interesses enquanto faço isso. Em nenhum momento torno mais pessoas devedoras para comigo do que quando estou doando coisas.

Então, dirá: "Você dá para receber novamente?" Respondo: "O que eu dou deve ser investido de tal forma que, embora eu não possa exigir sua devolução, possa ser retribuído a mim." Um benefício deve ser tratado como um tesouro enterrado nas profundezas da terra, algo que você não desenterraria a menos que fosse realmente necessário. Por que limitar as oportunidades de fazer o bem apenas à casa de um homem rico? Por que considerar o comportamento generoso devido apenas àqueles que estão vestidos com uma toga? A natureza me pede para fazer o bem à humanidade. Que diferença faz se são escravos ou homens livres, nascidos livres ou emancipados, se sua liberdade foi adquirida legalmente ou concedida por acordo entre amigos? Onde quer que haja um ser humano, há uma oportunidade para um benefício.

Assim, o dinheiro pode ser compartilhado, inclusive dentro dos nossos próprios lares, ao praticarmos a generosidade; assim chamada não por ser direcionada a pessoas livres, mas porque emana de uma alma liberta.

No caso do homem sábio, ele nunca desperdiçará sua generosidade com receptores vis e indignos; nunca ficará esgotado e, sempre que encontrar um sujeito valioso, fluirá como se seu suprimento não tivesse diminuído. Portanto, você não tem motivos para interpretar mal a linguagem honrada, corajosa e espirituosa que ouve daqueles que estudam a sabedoria. E, antes de tudo, observe que um estudante de sabedoria não é o mesmo que um homem que se tornou perfeito em sabedoria.

Não há motivo para ouvir relutantemente as palavras fortes e corajosas daqueles que seguem a sabedoria. Esteja atento, pois há uma diferença entre o esforço para ser sábio e realmente sê-lo. Alguém pode te dizer: "Eu falo e expresso os sentimentos mais admiráveis, mas ainda estou cambaleando em meio a inúmeros males". Eu não posso ser forçado a agir de acordo com meus princípios quando estou fazendo o meu melhor; buscando melhorar e desejando um ideal grandioso. Somente depois de ter alcançado o progresso que tinha em mente é que seria justo me confrontar com o que falo e o que realizo". Da mesma forma, alguém que tenha atingido a perfeição diria: "Antes de tudo, você não pode julgar quem é melhor do que você".

Quanto a mim, ser desprezado pelos maus indica que estou no caminho certo. Para explicar, uma vez que ninguém deve ser negado, ouça o que vou dizer e o valor que atribuo às coisas em questão. Repito que as riquezas não são boas em si mesmas. Se fossem verdadeiramente boas, nos tornariam bons. Não consigo considerar algo bom em si mesmo quando também faz parte da vida de pessoas más. No entanto, estou convencido de que as riquezas são úteis e proporcionam grande conforto à vida.

XXV

Aprenda, então, uma vez que ambos concordamos que as riquezas são desejáveis, qual é a minha perspectiva sobre considerá-las como coisas boas, e em que aspectos eu deveria me comportar de maneira diferente com você se as possuísse. Imagine-me como o senhor de uma casa luxuosa. Coloque-me em um ambiente onde ouro e prata são usados para fins comuns; eu não irei me vangloriar por coisas que, embora estejam em minha casa, não fazem parte de mim. Agora, leve-me para uma ponte onde mendigos estão reunidos. Não me envergonharei de estar entre aqueles que estendem as mãos em busca de esmola, pois o que importa a falta de um pedaço de pão para alguém que não tem medo da morte? Ainda assim, eu prefiro a magnífica casa à ponte dos mendigos.

Coloque-me entre móveis esplêndidos e todos os utensílios de luxo. Não encontrarei maior felicidade apenas porque meu manto é macio ou por poder estender tapetes vermelhos sob os pés de meus convidados.

Invertendo o cenário, e não serei mais infeliz se puder descansar meus membros cansados sobre um pouco de feno, ou dormir em uma cama simples com o estofado gasto devido à idade. O que isso significa? Prefiro vestir uma roupa simples e ficar agasalhado, ao invés de deixar meus ombros expostos e desprotegidos. Mesmo que todos os meus dias transcorram de acordo com meus desejos e sejam repletos de felicidade, não me orgulharei disso. Ainda que minha mente seja cercada por tristeza, luto e contratempos de todos os tipos, a ponto de cada momento ser motivo para lágrimas, não terei motivo para reclamar. Mesmo diante de tanta adversidade, não amaldiçoarei nenhum dia da minha vida. Tomarei medidas para garantir que nenhum dia seja desastroso para mim.

Qual é o resultado de tudo isso? É que prefiro lidar com a moderação da alegria do que sufocar em tristeza. O grande Sócrates diria: "Faça de mim o conquistador de todas as nações; que o luxuoso carro de Baco me leve do Oriente até Tebas; que os reis dos persas me façam consultas. No entanto, ainda me sentirei humano, mesmo no exato momento em que todos ao meu redor me saudarem como um deus".

De repente, um infortúnio pode me derrubar de minha posição elevada, e assim, serei simplesmente levado como um adorno em uma carruagem estrangeira; no desfile triunfante de um conquistador orgulhoso e implacável. No entanto, mesmo em carro alheio, não me sentirei nem menos nem mais humilde do que quando andava naquele que era meu. Apesar de tudo isso, prefiro ser um conquistador do que um prisioneiro. Desprezo o controle total do destino, mas ainda assim, se pudesse escolher, escolheria suas melhores partes. Farei com que tudo o que me pertence seja bom, mas prefiro que seja confortável, agradável e improvável de me causar aborrecimento.

Não se deve supor que qualquer virtude exista sem esforço, mas algumas virtudes precisam de estímulo, enquanto outras precisam de contenção. Assim como temos que controlar nosso corpo em um caminho descendente e incentivá-lo a subir uma encosta íngreme, o mesmo acontece com o caminho de algumas virtudes. Algumas descem a colina, enfrentando forte oposição e pisoteando o destino sob seus pés, enquanto outras sobem, lutando e abrindo caminho por uma subida árdua. Não podemos duvidar que a paciência, coragem, constância e todas as outras virtudes que enfrentam desafios estejam subindo a colina. Da mesma forma, é evidente que a generosidade, moderação e delicadeza escorregam facilmente ladeira abaixo. Com estas últimas, devemos manter nosso espírito para que não escapem de nós; enquanto com as primeiras, devemos encorajá-las e estimulá-las. Portanto, devemos aplicar essas virtudes enérgicas e combativas à pobreza, enquanto as mais parcimoniosas, que se movem suavemente e suportam apenas seu próprio peso, à riqueza.

Dada essa distinção entre as virtudes, eu preferiria lidar com aquelas que posso praticar em relativo silêncio, em vez daquelas que exigem sangue e suor para serem testadas. Por isso, o sábio disse: "Não sou eu que falo de uma maneira e vivo de outra. É você que entende uma coisa por outra. Você está ouvindo o que lhe chega aos ouvidos, mas não procura entender o significado das palavras."

XXVI

"Qual é então a diferença entre mim, um tolo, e você, um homem sábio?" A diferença é enorme: as riquezas são escravas na casa do sábio, enquanto comandam o tolo. Você se acostuma a elas e se apega como se fosse garantido que seriam suas para sempre, mas um homem sábio nunca está tão ciente da pobreza como quando está cercado de riquezas.

Nenhum general confia tanto na paz a ponto de não se preparar para a guerra, mesmo que esta não seja uma possibilidade real. Você se orgulha de sua bela casa, como se nunca pudesse ser destruída, e as riquezas o deixam iludido, como se estivessem imunes a qualquer perigo, e fossem tão imensas que o destino não pudesse engoli-las. Você se senta ociosamente, brincando com sua fortuna, sem perceber os perigos que estão à espreita; como os selvagens cercados, que, sem entender o uso das armas de cerco, observam despreocupadamente o trabalho dos atacantes, e não compreendem o propósito das máquinas que estão sendo montadas ao longe. E é exatamente isso que acontece com você; dorme em sua propriedade sem refletir sobre os infortúnios que o ameaçam por todos os lados; e logo eles o saquearão de suas preciosas possessões. Entretanto, se alguém tira riquezas do homem sábio, ele ainda permanece com tudo o que é seu, pois vive feliz no presente e sem medo do futuro.

O famoso Sócrates, ou algum outro que tenha a mesma autoridade e poder sobre as coisas da vida, diria algo assim: "Não possuo nenhum princípio mais sólido do que o de não mudar o rumo da minha vida a fim de me ajustar aos seus preconceitos. Você pode expressar suas opiniões habituais sobre mim de todas as formas, mas não vou acreditar que esteja me atacando; apenas o verei como alguém choramingando feito uma criança indefesa." Isso é o que um homem sábio diria: alguém cuja mente é livre de vícios, e que busca corrigir os outros não por ódio, mas para ajudá-los a melhorar. Ele também acrescentaria: "Suas opiniões sobre mim me causam tristeza, não por mim, mas por ti, pois odiar a perfeição e atacar a virtude é abandonar toda esperança de fazer o bem. Você não me prejudica, assim como os seres humanos não prejudicam os deuses ao derrubar seus altares. No entanto, está claro que sua intenção é maligna, e que deseja fazer o mal mesmo onde não é capaz. Eu suporto suas palavras vazias da mesma maneira que Júpiter[52], o melhor e o maior, suporta as histórias inventadas pelos poetas. Alguns o representam com asas, outros com chifres; alguns como um adúltero que passa a noite fora, outros como quem negocia de forma hostil com os deuses; ainda como sendo injusto com os humanos, seduzindo jovens nobres à força, inclusive seus próprios parentes; até como um parricida, conquistador do reino de outro, ou mesmo do próprio pai."

O único resultado dessas histórias é que as pessoas sentem menos vergonha de cometer pecados se acreditarem que os deuses também são culpados por tais ações. Entretanto, embora essa conduta não me prejudique, eu o aconselho, para o seu próprio bem, a respeitar a virtude. Acredite na-

---

[52] Júpiter simboliza o poder divino, a justiça e o destino. Sua presença na mitologia romana é uma representação da importância dada ao governo, à ordem e à proteção divina. (N. do T.)

queles que há muito tempo a seguem, e proclamam em voz alta que se trata de algo poderoso, cada dia parecendo mais vigoroso. Trate-a com reverência, assim como você trataria os deuses; e honre seus seguidores como você honraria os sacerdotes dos deuses. Sempre que houver menção a textos sagrados, por favor, fique em silêncio. A expressão "favete linguis"[53] não é derivada, como a maioria das pessoas imagina, do sentido de "favor"; mas sim significa "silêncio", para que o serviço divino possa ser realizado sem interrupções por palavras de mau preságio. É muito importante que você seja instruído a fazê-lo, para que, sempre que o oráculo for pronunciado, você possa ouvi-lo com atenção e em silêncio.

Pois sempre que alguém toca um sistro[54], fingindo ser por ordem divina, alguém habilidoso em se ferir levemente cobre seus braços e ombros com sangue; alguém rasteja de joelhos pelas ruas uivando, senhores vestidos de linho saem à luz do dia com lâmpadas e ramos de louro, gritando que um dos deuses está irado; e você se aglomera ao redor dessas pessoas e ouve suas palavras; cada um de vocês aumenta a admiração um pelo outro, declarando que estão divinamente inspirados.

---

53 *Favete linguis*: expressão em latim, que significa "silenciem suas línguas". (N. do T.)
54 Sistro: chocalho metálico usado pelos egípcios nos sacrifícios à deusa Ísis. (N. do T.)

XXVII

Contemple! Daquela prisão onde ele entrou e purificou da vergonha, tornando-a mais honrosa do que qualquer casa do Senado, Sócrates dirige-se a você, dizendo: "O que é essa loucura sua? O que é essa disposição belicosa, tanto contra os deuses quanto contra os homens, que o leva a difamar a virtude e ultrajar a santidade com acusações maliciosas? Elogie os homens bons, caso contrário, silencie. Se realmente você se deleita nesse abuso ofensivo, caia em desgraça com seus semelhantes, pois quando você blasfema contra o céu, não digo que comete sacrilégio, mas digo que está desperdiçando seu tempo".

Eu mesmo fui, certa vez, zombado por Aristófanes[55]. Desde então, toda a turma dos poetas cômicos me tem como alvo devido à sua malícia inteligente. Minha virtude tornou-se mais resplandecente pelos golpes que recebeu, pois é vantajoso ser levado perante o público e exposto à tentação; ninguém entende sua grandeza mais do que aqueles que, por meio de seus ataques, testaram sua força. Ninguém conhece melhor a dureza das pedras do que o escultor. Estou disposto a enfrentar todos os ataques, como uma rocha solitária em um mar raso, na qual as ondas incessantemente batem, vindas de todas as direções; mas que não podem movê-la nem a desgastar, não importa quantos anos passem. Faça o que fizer comigo, triunfarei resistindo ao ataque. Tudo que

---

55 Aristófanes (c. 450 a.C. - 388 a.C.), importante representante da comédia grega antiga. (N. do T.)

ataca aquilo que é firme e invencível apenas se fere com sua própria violência. Portanto, procure algum alvo macio e maleável para perfurar com seus dardos. Porém, você tem tempo para examinar as más ações dos outros e julgar alguém? Pergunta como é que este filósofo tem uma casa espaçosa ou aquele desfruta de um bom jantar? Você observa as espinhas dos outros enquanto você mesmo está coberto de inúmeras úlceras? É como se alguém com sarna apontasse com desprezo para as manchas e verrugas nos corpos dos mais bonitos. Criticam Platão por ter pedido dinheiro; Aristóteles por ter recebido; Demócrito por ter negligenciado; Epicuro por ter esbanjado. A mim, criticam por causa de Alcebíades[56] e de Fedro. Vocês seriam mais felizes se pudessem imitar os nossos vícios! Por que vocês não olham ao redor para os males que os assolam por todos os lados? Alguns vindos de fora, outros queimando em seu próprio âmago? Mesmo que você conheça pouco o seu lugar, a humanidade ainda não chegou ao ponto de permitir que você possa desperdiçar seu tempo censurando seus superiores.

---

[56] Alcebíades (c. 450 a.C. - 404 a.C.) foi amigo e entusiasta de Sócrates, em decorrência disso aparecendo nos diálogos de Platão. (N. do R.)

XXVIII

Você não compreende tais palavras, e tem uma expressão que não condiz com a sua situação; assim como muitos homens que se sentam no circo ou no teatro, sem saber que sua própria casa está em luto. Mas eu, olhando adiante, de um ponto de vista elevado, consigo ver as tempestades que estão se aproximando; prontas para desencadear torrentes sobre você em breve; ou talvez já estejam próximas, prestes a varrer tudo o que você possui.